Ralf Nestmeyer

111 Orte, die von deutscher Geschichte erzählen

111

emons:

Bibliografische Information der Deutschen Nationalbibliothek
Die Deutsche Nationalbibliothek verzeichnet diese Publikation
in der Deutschen Nationalbibliografie; detaillierte bibliografische
Daten sind im Internet über http://dnb.d-nb.de abrufbar.

MIX
Papier | Fördert gute Waldnutzung
FSC® C083411

Covergestaltung: Karolin Meinert
Lektorat: Saskia Römer
Layout: Editorial Design & Artdirection, Conny Laue,
nach einem Konzept von Lübbeke | Naumann | Thoben
Druck und Bindung: CPI – Clausen & Bosse, Leck
Printed in Germany 2024
ISBN 978-3-7408-2004-6

Vorwort

Dieses Buch ist eine Reise durch die deutsche Geschichte von den Anfängen bis zur Gegenwart. Versammelt sind 111 historische Puzzlesteine, die sich zu einem vielschichtigen Gesamtbild der deutschen Historie zusammenfügen, ohne einen Anspruch auf Vollständigkeit zu erheben. Die 111 Orte, die von deutscher Geschichte erzählen, sind chronologisch angeordnet, wobei es viele Orte gibt – wie den Reichstag oder das Gefängnis Bautzen –, deren Bedeutung für die deutsche Geschichte sich nicht auf einen einzigen Tag oder ein Jahr begrenzen lässt. Das Buch thematisiert sowohl schreckliche Ereignisse wie die Novemberpogrome von 1938 als auch freudige Momente wie die Grenzöffnung von 1989.

Diese 111 Orte werfen nicht nur einen Blick auf die Ereignisgeschichte, sondern fächern ein breites Spektrum von Themen auf, die die Kultur und Mentalität der Deutschen widerspiegeln. Hierzu gehören der Schrebergarten, die Künstlerkolonie Worpswede und das Bauhaus ebenso wie der Star-Club in Hamburg, die Friedensdemo im Bonner Hofgarten und ein Fachgeschäft für Ehehygiene in Flensburg.

Den Beginn der deutschen Geschichte zu bestimmen ist schwer. Die Anfänge im Neandertal zu verorten erscheint zu weit hergeholt. Die deutsche Geschichte mit der Entwicklung staatlicher Strukturen und einem schwer definierbaren Nationalgefühl zu verbinden ist zu kurz gedacht. Gespeist durch sinnstiftende Mythen, rangen im Laufe der Zeit verschiedene politische Systeme um Macht und Deutungshoheit. Die Schrecken des Zweiten Weltkriegs, die deutsche Wiedervereinigung, der Terrorismus und die Zuwanderung von Millionen neuer Mitbürger gehören zu den prägendsten Ereignissen der jüngsten Historie. Über Jahrhunderte hinweg bereicherten verschiedene Bevölkerungsgruppen, so beispielsweise die Hugenotten, die kulturelle Vielfalt des Landes, was jedoch immer wieder zu Konflikten und Ausgrenzung führte. Eines steht fest: Deutschlands Geschichte weist weit mehr als 111 Facetten auf – doch diese 111 Orte sind wichtige Wegmarken.

111 Orte

1___ Die Varusschlacht | Kalkriese
Eine Niederlage mit Folgen | 10

2___ Der Limes | Aalen
Ein mentaler Grenzwall | 12

3___ Das Nibelungenlied | Worms
Mehr als ein mittelalterliches Heldenepos | 14

4___ Der Aachener Dom | Aachen
Kaiser Karls Thron | 16

5___ Die Synagoge | Erfurt
Jüdisches Leben in Deutschland | 18

6___ Die Stammburg der Hohenzollern | Burg Hohenzollern
Das deutsche Adelsgeschlecht schlechthin | 20

7___ Das Zisterzienserkloster | Maulbronn
Gottesfurcht hinter schlichten Mauern | 22

8___ Das Hansemuseum | Lübeck
Eine europäische Handelsmacht | 24

9___ Das Burgenland | Burg Eltz
Ritter und Romantik | 26

10___ Die Reichsstadt | Rothenburg ob der Tauber
Stadtluft macht frei | 28

11___ Die Schlosskirche | Wittenberg
Luthers Thesenanschlag | 30

12___ Die Fuggerei | Augsburg
Eine Investition in das Seelenheil | 32

13___ Der Bauernkrieg | Bad Frankenhausen
Eine Revolution von unten? | 34

14___ Der Käfig | Münster
Der Kampf um den rechten Glauben | 36

15___ Die Bibliothek | Wolfenbüttel
Sammeln, archivieren, lesen | 38

16___ Der Westfälische Friede | Osnabrück
Das Ende des Dreißigjährigen Krieges | 40

17___ Die Hugenottenkirche | Erlangen
Ein »Tempel« in der Fremde | 42

18___ Das Opernhaus | Bayreuth
Der Traum der Markgräfin | 44

19 Die Hexenverfolgungen | Kempten
Religiöse Wahnvorstellungen | 46

20 Das Goethe-Haus | Weimar
Der Dichterfürst in der Provinz | 48

21 Der mythische Fluss | Rhein
Rheinromantik | 50

22 Das Brandenburger Tor | Berlin
Preußenmythos und Nationalsymbol | 52

23 Das Seebad | Heiligendamm
Als der Tourismus das Meer entdeckte | 54

24 Das Völkerschlachtdenkmal | Leipzig
Monumentale Erinnerungskultur | 56

25 Das Wartburgfest | Die Wartburg
Ehre, Freiheit, Vaterland | 58

26 Die Eisenbahn | Nürnberg
Aufbruch ins Industriezeitalter | 60

27 Das Fest | Hambach
Volkssouveränität statt Monarchie | 62

28 Das Geburtshaus von Karl Marx | Trier
Kapitale Gedanken | 64

29 Das Brüder-Grimm-Haus | Steinau an der Straße
Märchen und Wörterbücher | 66

30 Das Albrecht-Dürer-Denkmal | Nürnberg
Das erste Künstlerdenkmal | 68

31 Das Pfarrhaus | Röcken
Gelebter Glaube | 70

32 Die Paulskirche | Frankfurt
Ein Ort mit Symbolkraft | 72

33 Das Germanische Nationalmuseum | Nürnberg
Ein Hort deutscher Kunst und Kultur | 74

34 Das Deutsche Auswandererhaus | Bremerhaven
Glückssuche fern der Heimat | 76

35 Die Kurstadt | Baden-Baden
Trinkhalle meets Spielcasino | 78

36 Der Wanderweg | Rennsteig
Mit und ohne Kniebundhose | 80

37 Das Festspielhaus | Bayreuth
Mythos Wagner | 82

38 Die Siegessäule | Berlin
Historienfries mit Symbolcharakter | 84

39 Der Reichstag | Berlin
Ein politisches Symbol | 86

40 Das Mausoleum | Friedrichsruh
Bismarck und das Reich | 88

41 Der Schrebergarten | Leipzig
Das Paradies der Kleinbürger | 90

42 Die Villa Hügel | Essen
Das größte Einfamilienhaus Deutschlands | 92

43 Die Völklinger Hütte | Völklingen
Das Industriedenkmal | 94

44 Die Speicherstadt | Hamburg
Das Tor zur Welt | 96

45 Die Künstlerkolonie | Worpswede
Weltdorf im Teufelsmoor | 98

46 Das Physikalische Institut | Würzburg
Die Entdeckung der Röntgenstrahlen | 100

47 Die Gartenstadt | Dresden
Selbstversorgung im Grünen | 102

48 Die Jugendherberge | Altena
Im Stockbettenparadies | 104

49 Das Schlachtfeld | Verdun
Gasmasken, Gräben und Gräuel | 106

50 Der Landwehrkanal | Berlin
Ermordung von Rosa Luxemburg und Karl Liebknecht | 108

51 Das Bauhaus | Dessau
Aufbruch in die Moderne | 110

52 Die Waldorfschule | Stuttgart
Kreatives Lernen oder esoterischer Erkenntnisweg? | 112

53 Die AVUS | Berlin
Die Deutschen und ihre Autobahn | 114

54 Die Königsallee | Berlin
Die Ermordung von Walther Rathenau | 116

55 Das Institut für Sexualwissenschaft | Berlin
Berlins Drittes Geschlecht | 118

56 Das Rathaus | Coburg
Erste NSDAP-Mehrheit in Deutschland | 120

57 Der Elefant | Bremen
Die Schattenseiten des deutschen Kolonialismus | 122

58 Das Reichsparteitagsgelände | Nürnberg
Worte aus Stein | 124

59 — Das Volkswagenwerk | Wolfsburg
Eine Stadt für das Auto | 126

60 — Die Novemberpogrome | Kassel
Tage der Schande | 128

61 — Der Bürgerbräukeller | München
Das gescheiterte Attentat | 130

62 — Das Vernichtungslager | Auschwitz
Die nationalsozialistische Todesfabrik | 132

63 — Im alliierten Bombenhagel | Dresden
Luftangriffe im Zweiten Weltkrieg | 134

64 — Der Schwurgerichtssaal 600 | Nürnberg
Nürnberger Prozesse | 136

65 — Das Theater | Berlin
Neuanfang mit Kompromissen | 138

66 — Das geteilte Dorf | Mödlareuth
Little Berlin | 140

67 — Das Blau-Gold-Haus | Köln
Der Wiederaufbau zerstörter Städte | 142

68 — Die Pizzeria Capri | Würzburg
Wie die Pizza über die Alpen kam | 144

69 — Der Volksaufstand | Berlin
Freiheit statt Planwirtschaft | 146

70 — Die Treppenstraße | Kassel
Ein utopisches Raummodell? | 148

71 — Die Weltmeisterschaft | Bern
Das Wunder von Bern | 150

72 — Das Grenzdurchgangslager | Friedland
Kriegsheimkehrer und Migrationsprozesse | 152

73 — Die Kaserne | Hanau
Eine amerikanische Kleinstadt | 154

74 — Das Gefängnis | Bautzen
Das »Gelbe Elend« | 156

75 — Die Arbeitsimmigranten | Dortmund
Wie aus Gastarbeitern Mitbürger wurden | 158

76 — Die Mauer | Berlin
Mahnmal der Unterdrückung | 160

77 — Das Pressehaus | Hamburg
Landesverrat im Backsteinbau? | 162

78 — Das Fachgeschäft für Ehehygiene | Flensburg
Erster Sexshop der Welt | 164

79 Das Schöneberger Rathaus | Berlin
Berlins großer Tag | 166

80 Die Bundesliga | Dortmund
Fußball ist unser Leben | 168

81 Die Auschwitz-Prozesse | Frankfurt
Unmenschlichkeit vor Gericht | 170

82 Der Star-Club | Hamburg
Vom Kino zur Kultbühne | 172

83 Die Stasi | Berlin
Mielkes Spitzel | 174

84 Das Brentanobad | Frankfurt
Soziotop zwischen Chlor und Pommes | 176

85 Die Philosophenhütte | Todtnauberg
Schuld und Seinsvergessenheit | 178

86 Der Schuss im Hinterhof | Berlin
Die Ermordung von Benno Ohnesorg | 180

87 Die Gruppe 47 | Waischenfeld
Die Bühne der Nachkriegsliteratur | 182

88 Das Knast-Camp | Ebrach
Die Geburtsstunde des Linksterrorismus | 184

89 Der Nationalpark | Freyung-Grafenau
Vom Wald zum Urwald | 186

90 Der Hosenskandal | Bonn
Der lange Weg der Emanzipation | 188

91 Der Kniefall | Warschau
Schuld und Verantwortung | 190

92 Die Olympischen Spiele | München
Terror im Olympiadorf | 192

93 Das Tantris | München
Deutschlands erster Gourmettempel | 194

94 Der autofreie Sonntag | Landesweit
Leere Straße als Symbolpolitik? | 196

95 Der Stammheim-Prozess | Stuttgart
Die RAF auf der Anklagebank | 198

96 Der Palast der Republik | Berlin
Erichs Lampenladen | 200

97 Der Atommüll | Gorleben
Der Erfolg der Protestbewegung | 202

98 Die Wiese | Naila
Flucht mit dem Ballon | 204

99 Das Oktoberfest | München
Volkskultur im Dauerrausch? | 206

100 Das KOMM | Nürnberg
Die größte Massenverhaftung in der Geschichte der BRD | 208

101 Die Friedensdemo | Bonn
Für ein atomwaffenfreies Europa | 210

102 Der Windpark | Kaiser-Wilhelm-Koog
Grüne Energie | 212

103 Die Nikolaikirche | Leipzig
Die Montagsdemonstrationen | 214

104 Der Balkon | Prag
Die Ausreise aus der Prager Botschaft | 216

105 Der Deidesheimer Hof | Deidesheim
Saumagendiplomatie | 218

106 Die Vertragsunterkunft | Hoyerswerda
Rechtsextreme Ausschreitungen | 220

107 Die NSU-Morde | Nürnberg
Rechter Terror und staatliches Versagen | 222

108 Das Geburtshaus von Joseph Ratzinger | Marktl
Wir sind Papst | 224

109 Das Denkmal für die ermordeten Juden Europas | Berlin
Kontroverse Erinnerungskultur | 226

110 Die Moschee | Berlin
Der Islam in Deutschland | 228

111 Das Berghain | Berlin
Kultstätte des Hedonismus | 230

1 Die Varusschlacht

Eine Niederlage mit Folgen

Wie im Jahre 9 unserer Zeitrechnung die Schlacht im Teutoburger Wald verlief, lässt sich nicht mehr rekonstruieren. Am Ende waren drei römische Legionen vernichtend geschlagen, und der römische Feldherr Varus soll sich angesichts der Niederlage aus Verzweiflung in sein eigenes Schwert gestürzt haben. Die von dem Cheruskerfürsten Arminius angeführten Germanen triumphierten und verhinderten eine weitere Ausdehnung des Römischen Reiches östlich des Rheins. Der römische Geschichtsschreiber Tacitus rühmte Arminius in seinen Annalen daher als »Befreier Germaniens«.

Unklar war lange auch, wo genau sich die Varusschlacht zugetragen hat. Im Laufe der Zeit rückten verschiedene Stätten in Ostwestfalen und Norddeutschland in den Fokus, wobei aufgrund archäologischer Funde der letzten Jahrzehnte feststeht, dass auf einem Areal in der Kalkrieser-Niewedder Senke östlich von Bramsche im Osnabrücker Land eine größere Schlacht zwischen Römern und Germanen stattgefunden hat. Die beiden Truppen trafen in einem waldreichen Gebiet aufeinander. Allein die Tatsache, dass sich die Kampfhandlungen über drei Tage erstreckten und die Römer über einen Tross von annähernd 20.000 Legionären sowie Reit- und Zugtieren verfügten, der auf dem Weg ins Winterlager war, deutet an, dass die Varusschlacht nicht an einem einzigen Ort ausgefochten worden sein kann.

Die Varusschlacht war nicht nur ein germanischer Sieg über die Römer, sondern ein Ereignis mit einer Strahlkraft, die bis ins 20. Jahrhundert reichte, und das von Politikern zu einem bedeutenden Ereignis für die deutsche Nationalgeschichte glorifiziert wurde. Als »Hermann der Cherusker« wurde der abtrünnige römische Auxiliar-Offizier Arminius im 19. Jahrhundert zur Symbolfigur eines nationalen Gründungsmythos erhoben, dem man bei Detmold ein monumentales Denkmal errichtete, um Deutschlands Einheit und Stärke zu beschwören.

Adresse Museum Varusschlacht, Venner Straße 69, 49565 Bramsche-Kalkriese, www.kalkriese-varusschlacht.de | Öffnungszeiten April–Okt. täglich 10–18 Uhr, Nov.–März Di–So 10–17 Uhr | Literaturtipp Ralf-Peter Märtin: Die Varusschlacht. Rom und die Germanen.

2 Der Limes

Ein mentaler Grenzwall

Nach der verlorenen Varusschlacht waren die Römer um Schadensbegrenzung bemüht. Von der dauerhaften Eroberung der rechtsrheinischen Gebiete hatten sie Abstand genommen, doch auch die bereits eroberten Regionen wurden in den folgenden Jahrhunderten immer wieder von germanischen Stämmen in einer Art Guerillataktik angegriffen und geplündert.

Der Rhein und die Donau ließen sich als natürliche Grenzmarkierungen leicht verteidigen. An der Nordgrenze der Provinz Raetia sowie an der Ostgrenze der Provinzen Germania Superior und Inferior entstand im 2. Jahrhundert eine lose Kette von Kastellen und Wachtürmen, um das Römische Reich in diesem Bereich abzusichern. Anfangs handelte es sich um einfache Palisaden und Holzbauten, später entstanden Wallanlagen und steinerne Wehrbauten. Allerdings war der Limes weniger ein militärisches Bollwerk als eine überwachte Wirtschaftsgrenze, um den Handel zu kontrollieren, Steuern und Zölle zu erheben. Der Limes markierte die Grenze zur römischen Kultur und Lebensweise.

Im Laufe des 3. Jahrhunderts verlor der rätische Limes an Bedeutung. Germanische Völker drangen vermehrt nach Gallien und Italien ein, schließlich wurde die Grenze von Kaiser Aurelian zurück an den Rhein verlegt. Der Limes verfiel und geriet allmählich in Vergessenheit. Erst im 19. Jahrhundert begannen systematische Ausgrabungen. Später erfolgte die Rekonstruktion einiger Wachtürme und Festungsanlagen, wie zum Beispiel das Kastell Saalburg. In Aalen entstand auf dem Gelände des römischen Reiterkastells ein großes Limesmuseum.

Mit 550 Kilometern ist der Limes nicht nur das längste Bodendenkmal Europas – es ist bei Luftaufnahmen deutlich auszumachen –, sondern er markiert bis heute eine mentale innerdeutsche Grenze. Diesseits des Limes blieb der Katholizismus, die Konfession des lateinischen Westens, prägend, die Lebensart lockerer, die Küche besser, das Leben leichter.

Adresse Limesmuseum, Sankt-Johann-Straße 5, 73430 Aalen, www.limesmuseum.de | Öffnungszeiten Di–So und Feiertage 10–17 Uhr | Literaturtipp Egon Schallmayer: Der Limes – Geschichte einer Grenze.

3 Das Nibelungenlied

Mehr als ein mittelalterliches Heldenepos

Keine andere Sage, kein anderes Versepos ist in Mittel- und Nordeuropa so verbreitet wie das Nibelungenlied, das auch dank Richard Wagners »Ring des Nibelungen« tief im kollektiven Gedächtnis der Deutschen verankert ist. Liebe und Hass, Eifersucht und Verrat, Mord und Totschlag sind die Ingredienzien des 2.400 Strophen umfassenden Heldenepos, zu dessen wichtigsten Protagonisten der Drachentöter Siegfried, Kriemhilde, Hagen von Tronje und der Zwerg Alberich gehören.

Die Ursprünge des anfangs mündlich überlieferten Nibelungenliedes liegen wahrscheinlich in der Spätantike. Erzählt wird eine Episode aus dem Zeitalter der Völkerwanderung, als das Reich der Burgunder mit Hilfe hunnischer Hilfstruppen zerschlagen wurde, aber auch andere Ereignisse wie die Schlacht auf den Katalaunischen Feldern wurden miteinbezogen. Es gibt unterschiedliche Versionen des Nibelungenliedes, das zu Beginn des 13. Jahrhunderts in mittelhochdeutscher Sprache verschriftlicht wurde und große Ähnlichkeiten mit der altnordischen Thidrekssaga aufweist. Allerdings sind weder der Dichter dieses Meisterwerks noch der Auftraggeber bekannt.

Die Rheinregion bildet den Schauplatz des ersten Teils des Nibelungenliedes. Die Ortsangaben sind vage, nur der Königshof in Xanten und der Burgunderhof in Worms werden explizit genannt. Im Odenwald wurde Siegfried bei einem Jagdausflug von Hagen von Tronje ermordet, und in den Tiefen des Rheins wurde der Nibelungenschatz angeblich versenkt, aber nie gefunden.

Im 19. Jahrhundert wurde das Nibelungenlied durch den aufkommenden Nationalismus zum deutschen Heldenepos stilisiert. Die NSDAP berief sich gerne auf die Sage und errichtete in Passau 1935 einen Veranstaltungsort namens »Nibelungenhalle«. Gegen Ende des Zweiten Weltkriegs beschworen die Nationalsozialisten die »Nibelungentreue« – notfalls bis zum Untergang des eigenen Volkes.

Adresse 67547 Worms | Öffnungszeiten zum Beispiel Führungen täglich während der Nibelungenfestspiele, siehe www.worms-erleben.de | Literaturtipp Walter Hansen: Wo Siegfried starb und Kriemhild liebte. Die Schauplätze des Nibelungenliedes.

4 Der Aachener Dom

Kaiser Karls Thron

Karl der Große oder Charlemagne? War der mächtige Frankenkönig ein Deutscher, ein Franzose oder gar der erste Europäer? Seit Jahrhunderten wurde und wird diese Frage westlich und östlich des Rheins immer wieder unterschiedlich beantwortet. Je nach Standpunkt des Betrachters war es Charlemagne, der Aquitanien und die Gascogne unterwarf und seinen Herrschaftsbereich bis zu den Pyrenäen ausdehnte; und es war Karl der Große, der die aufständischen Sachsen besiegte und Bayern seinem Frankenreich einverleibte. Bezüglich seines Geburtsortes herrscht Unsicherheit, da nicht ausgeschlossen werden kann, dass er 747 oder 748 in Herstal, Belgien, geboren wurde.

Wie kaum ein anderer mittelalterlicher Herrscher ist Karl der Große von der Politik instrumentalisiert worden. Immer wieder wurde die faktische Wirklichkeit von der öffentlichen Wahrnehmung Karls überdeckt. Allein sein Name diente als Legitimation für diverse Eigeninteressen und Souveränitätsansprüche, für ethische Normen und Ideale – ein zeitloser Herrscher, mythisch und literarisch überhöht. Karl wurde zu einem Fixstern, an dem sich die Herrscher nachfolgender Generationen diesseits und jenseits des Rheins zu orientieren suchten. Da die Franzosen wie auch die Deutschen ihre Nationalgeschichte mit Karl dem Großen beginnen lassen, gab es auf beiden Seiten des Rheins den steten Versuch, Karl für sich zu reklamieren, sei es durch Romanisierung oder Germanisierung seiner Person.

Unstrittig ist hingegen, dass Karl der Große am 28. Januar des Jahres 814 in seinem geliebten Aachen starb, wo er sich in den letzten beiden Jahrzehnten seines Lebens vorzugsweise aufgehalten hatte. In der Pfalzkapelle des Aachener Doms kann bis heute der Königsthron des bedeutendsten mittelalterlichen Herrschers bewundert werden. Sechs Stufen führen hinauf zu dem aus Marmorplatten gefertigten, überaus schlichten Thron.

Adresse Domhof 1, 52062 Aachen | Öffnungszeiten Mo – Do 11 – 18 Uhr, Fr und Sa 11 – 19 Uhr, So 13 – 17.30 Uhr, Dominformation Tel. 0241/47709145 | Literaturtipp Johannes Fried: Karl der Große. Gewalt und Glaube.

5 Die Synagoge

Jüdisches Leben in Deutschland

Keiner weiß genau, wann die ersten Juden nach Mitteleuropa gekommen sind. Sehr wahrscheinlich in der Spätantike im Gefolge der römischen Legionen. Urkunden zufolge verbreiteten sie sich von Köln ausgehend anfangs im Rheintal, spätestens im Mittelalter gab es in ganz Deutschland jüdische Gemeinden. In zahlreichen Städten und Orten erinnern bei Ausgrabungen gefundene Grabsteine, Ritualbäder (Mikwe), Synagogen sowie Straßennamen wie »Judengasse« oder »Judengraben« an das Leben und Wirken der religiösen Minderheit.

Die älteste erhaltene Synagoge Europas befindet sich im thüringischen Erfurt in der Waagegasse. Einer Holzanalyse zufolge stammt die Westmauer aus der Zeit um 1100. Der größte Teil des repräsentativen Bauwerks ist aber rund 200 Jahre älter. Mit ihren zahlreichen Um- und Anbauten ist die Alte Synagoge ein beeindruckendes steinernes Zeugnis des frühen jüdischen Lebens in Deutschland!

Wie in ganz Mitteleuropa fand auch in Erfurt im Jahr 1349 ein Pogrom statt. Die Juden wurden für die Pest verantwortlich gemacht, des Hostienfrevels und der Brunnenvergiftung beschuldigt, ermordet und vertrieben. Die Alte Synagoge wurde in ein Lagerhaus umfunktioniert und unterkellert, neue Geschosse wurden eingezogen. Später beherbergte das Gebäude eine Gaststätte und einen Tanzsaal. Dieser profanen Nutzung ist es zu verdanken, dass die Alte Synagoge die Zeit des Nationalsozialismus unbeschadet überstanden hat.

Nachdem 1992 die kulturhistorische Bedeutung des Gotteshauses erkannt worden war, begannen die Restaurierungsarbeiten und die Umwandlung in ein Museum, das die Baugeschichte der Synagoge dokumentiert und die mittelalterlichen Sachzeugnisse der jüdischen Gemeinde Erfurts präsentiert. Eindrucksvoll sind die hebräischen Handschriften aus dem Spätmittelalter und der »Erfurter Schatz« eines jüdischen Geldverleihers, der in der Nähe der Synagoge gefunden wurde.

Adresse Waagegasse 8, 99084 Erfurt | Öffnungszeiten Di–So 10–18 Uhr, https://juedisches-leben.erfurt.de | Literaturtipp Elmar Altwasser, Heike Kirsten, Dieter Klaua, Gerhard Schade (Hrsg.): Die alte Synagoge. Die mittelalterliche jüdische Kultur in Erfurt.

6 Die Stammburg der Hohenzollern

Das deutsche Adelsgeschlecht schlechthin

Das Haus Hohenzollern ist das bekannteste deutsche Adelsgeschlecht. Aus kleinen schwäbischen Anfängen entwickelte sich eine weit verzweigte Herrschaftsdynastie, die Deutschland bis zum Ende des Kaiserreichs zusammen mit den Habsburgern geprägt hat wie keine andere.

Die Stammburg der Hohenzollern steht in Schwaben, auf einem isolierten Bergkegel rund 30 Kilometer südlich von Tübingen. Die heutige Burganlage ist ein neugotischer Bau, da die Vorgängerbauten kriegsbedingt zur Ruine verfielen. Auftraggeber für den Neubau war der preußische König Friedrich Wilhelm IV., der sich wieder eine repräsentative Stammburg seiner Ahnen wünschte.

Das Geschlecht der Hohenzollern, erstmals 1061 in einer Chronik erwähnt, besteht aus einer älteren schwäbischen Linie und einem jüngeren brandenburg-preußischen Zweig. Letzterer ging aus einer fränkischen Linie hervor, die 1219 mit der Burggrafschaft von Nürnberg belehnt wurde. Im Laufe der Jahrhunderte erweiterten die Hohenzollern ihre fränkische Machtbasis erst um die Markgrafschaften Ansbach und Kulmbach, dann um die Mark Brandenburg. Zuletzt folgte das Fürstentum Preußen. Um seine politische Bedeutung zu unterstreichen, krönte sich Friedrich I. im Jahr 1701 selbst zum preußischen König.

Durch die Eroberung Schlesiens stiegen die Hohenzollern zu einer der mächtigsten Dynastien Europas auf. Da nach den Napoleonischen Kriegen weite Teile Norddeutschlands zu Preußen gehörten, erscheint es im Rückblick fast zwangsläufig, dass mit Wilhelm I. 1871 ein Hohenzoller im Spiegelsaal von Versailles zum Deutschen Kaiser gekrönt wurde. Infolge des Ersten Weltkriegs und der Ausrufung der Republik am 9. November 1918 musste Wilhelm II. abdanken. Der Kaiser ging ins holländische Exil. Die unsäglichen Verstrickungen mit den Nationalsozialisten führten endgültig zum Ansehensverlust der Hohenzollern.

Adresse 72379 Burg Hohenzollern | **Öffnungszeiten** täglich 10–17 Uhr, www.burg-hohenzollern.com | **Literaturtipp** Stephan Malinowski: Die Hohenzollern und die Nazis. Geschichte einer Kollaboration.

7 Das Zisterzienserkloster

Gottesfurcht hinter schlichten Mauern

Im Mittelalter waren Klöster in Europa und Deutschland bedeutende Zentren für Bildung, Wissenschaft und Wirtschaft. Der Eintritt in ein Kloster war eine tiefgreifende Entscheidung, da sich Nonnen und Mönche strengen Regeln unterwerfen mussten. Es gab in Deutschland rund 3.000 Klöster, die von verschiedenen Orden wie den Benediktinern, Franziskanern oder Dominikanern gegründet wurden.

Die Abteien der Zisterzienser sind berühmt für ihre klare architektonische Formensprache und Schlichtheit. Das schwäbische Kloster Maulbronn wird als das schönste Zisterzienserkloster östlich des Rheins bezeichnet und gehört zum Weltkulturerbe der UNESCO. Die lang gestreckte Klosterkirche beeindruckt durch ihre harmonischen Proportionen, während der angrenzende Kreuzgang mit der hochgotischen Brunnenkapelle einen weiteren architektonischen Glanzpunkt setzt.

Das Kloster Maulbronn spiegelt exemplarisch den Geist des 1098 in Cîteaux gegründeten Ordens wider. Getreu den benediktinischen Klosterregeln strebten die Zisterzienser nach religiöser Vollkommenheit. Ihre Abteien gründeten sie daher nur in der Einsamkeit eines Waldes oder in einem schwer zugänglichen Tal. Im Jahr 1147 machten sich Mönche aus dem elsässischen Neuburg auf den Weg, um im Tal der Salzach ein neues Kloster zu gründen. Die Mönche erinnerten mit der asketischen Einfachheit ihrer Bauten an die Armut und Anspruchslosigkeit des frühen Christentums. Bunte Glasfenster oder gar Glockentürme waren verpönt.

Infolge der Reformation wurde das Kloster aufgelöst und als evangelische Klosterschule weitergeführt. Für den Literaturnobelpreisträger Hesse, der – wie Johannes Kepler und Friedrich Hölderlin vor ihm – die Schule von Maulbronn besucht hat, war seine Schulzeit trotz des schönen Ambientes allerdings eine Qual: Bereits nach wenigen Monaten floh Hesse im Frühjahr 1892 aus der ihm verhassten, noch heute bestehenden Lehranstalt.

Adresse Klosterhof 5, 75433 Maulbronn | Öffnungszeiten März – Okt. täglich 9.30 – 17.30 Uhr, Nov. – Feb. Di – So 10 – 16.30 Uhr, www.kloster-maulbronn.de | Literaturtipp Hermann Hesse: Unterm Rad.

8 Das Hansemuseum

Eine europäische Handelsmacht

Die Hanse ist ein Phänomen. Selbst rund 850 Jahre nach ihrer Entstehung und fast vier Jahrhunderte nach ihrer Auflösung bleibt der Begriff Hanse durchweg positiv besetzt. Stolz stellen Städte wie Hamburg, Bremen, Kiel, Rostock und Lübeck ihrem Namen das Attribut »Hansestadt« voran. Hanseatisch steht für Weltoffenheit, Pragmatismus, Verlässlichkeit und kaufmännische Ehrlichkeit.

Die genauen Anfänge der Deutschen Hanse zu bestimmen ist schwierig. Sie entwickelte sich im 12. Jahrhundert aus gemeinsamen Handelsinteressen von Kaufleuten aus Nord- und Ostdeutschland und wurde zu einer Verbindung, die über Städte- und Länderinteressen hinausreichte und in ihrer Blütezeit ganz Nordeuropa umspannte. Die Stadt Lübeck war seit ihrer Gründung eine wichtige Drehscheibe an der Ostsee und wurde zum zentralen Ort der Hanse. In ihrer Glanzzeit vereinte die Hanse zahlreiche Städte, darunter Binnenstädte wie Köln, Hannover und Berlin, aber auch Danzig, Königsberg, Riga und Tallinn gehörten dem Bund an. Wichtig waren die festen Handelsniederlassungen in anderen Ländern; diese »Hansekontore« gab es in London, Brügge, im norwegischen Bergen und in Nowgorod im hohen russischen Norden.

Gehandelt wurde mit Salz, Stockfisch, Getreide, Holz sowie Luxusprodukten wie Wein, Tuch und Pelzen. Die Hanse war eine bedeutende Wirtschaftsmacht mit Privilegien und Rechten, wodurch viele ihrer Kaufleute steinreich wurden. Davon zeugen noch heute zahlreiche herrschaftliche Bürgerhäuser in den Hansestädten.

Im Spätmittelalter setzte der langsame Niedergang der Hanse ein, ihre Vormachtstellung bröckelte vielerorts. Dabei spielten verschiedene Faktoren eine Rolle, so das Erstarken der Landesfürsten, der Verlust einiger Handelsmonopole, der aufkommende Atlantikhandel und die wirtschaftlichen Expansionen der Engländer und Holländer. Am letzten Hansetag 1669 in Lübeck nahmen nur noch neun Städte teil.

Adresse Europäisches Hansemuseum, An der Untertrave 1, 23552 Lübeck | **Öffnungszeiten** täglich 10–18 Uhr, (außer 24.12.), www.hansemuseum.eu | **Literaturtipp** Rolf Hammel-Kiesow: Die Hanse.

9 Das Burgenland

Ritter und Romantik

Deutschland ist ein Land der Burgen. Mit ihren Zugbrücken, Zinnen und Türmen regen sie die Phantasie an, lassen von kühnen Rittern und edlen Burgfräulein träumen. Kaum ein Bauwerk ist stärker klischeebehaftet. Rund 25.000 Burgen, Schlösser und Herrenhäuser zeugen von Deutschlands historischer Kleinstaaterei. Einige erstrahlen noch in alter Pracht, während andere als Ruinen an vergangene Zeiten erinnern.

Im Mittelalter war die Burg ein wehrhafter Adelssitz, der meist an strategisch wichtigen Landmarken wie Flüssen oder Bergkegeln die eigenen Herrschaftsansprüche absicherte. Die ersten Burgen waren noch mit hölzernen Palisaden umgeben. Im Hochmittelalter entstanden dann mächtige Bauten aus Stein mit einem Bergfried und einem mehrstöckigen Palas, in dem gewohnt und repräsentiert wurde, auch wenn es im Mittelalter dort oft an Komfort und anderen Annehmlichkeiten mangelte. Zum Teil lebten neben der Adelsfamilie das Gesinde und auch die Haustiere innerhalb der Burgmauern.

In Deutschland gibt es zahlreiche imposante Burganlagen, so die Kaiserburg in Nürnberg, die Veste Coburg oder die Burg zu Burghausen, die sich über einen Kilometer auf einem Bergrücken erstreckt. Das 19. Jahrhundert war das Zeitalter der Burgenromantik. Industrielle und Kaufleute erwarben und restaurierten Burgen als Statussymbol, wie beispielsweise die Reichsburg Cochem. Weltberühmt ist das Schloss Neuschwanstein, das der bayerische König Ludwig II. als idealisierte Vorstellung einer mittelalterlichen Ritterburg erbauen ließ.

Eine der schönsten Burgen Europas ist die Burg Eltz in Rheinland-Pfalz. Im 12. Jahrhundert als Höhenburg errichtet, gehört sie noch heute der Ursprungsfamilie, den Grafen zu Eltz. Da sie nie zerstört und behutsam renoviert wurde, verkörpert sie das Idealbild einer mittelalterlichen Burg. In der Zeit der Deutschen Mark zierte eine Abbildung der Burg Eltz die Rückseite der 500-DM-Banknote.

Adresse Gräflich Eltz'sche Kastellanei Burg Eltz, Burg Eltz 1, 56294 Wierschem |
Öffnungszeiten 24. März – 1. Nov. täglich 9.30 – 17 Uhr, https://burg-eltz.de |
Literaturtipp G. Ulrich Großmann: Die Welt der Burgen. Geschichte, Architektur, Kultur.

10 Die Reichsstadt

Stadtluft macht frei

Nicht zufällig gilt Rothenburg ob der Tauber als das Idealbild einer romantischen Stadt: Mauerbewehrt und turmüberhöht erstreckt sich die altehrwürdige Reichsstadt mit ihren verwinkelten Gassen und alten Fachwerkhäusern auf einem Bergrücken über dem Taubertal.

Die Bezeichnung »Reichsstadt« verweist auf die besondere Stellung, die Rothenburg im Heiligen Römischen Reich innehatte. Als Reichsstadt unterstand sie direkt der Autorität des römisch-deutschen Kaisers und war somit unabhängig von regionalen Herrschaftsansprüchen eines Bischofs oder Grafen. Dieser Status verschaffte den Reichsstädten eine gewisse Autonomie und wirtschaftliche Unabhängigkeit.

Viele Reichsstädte finden sich im süddeutschen Raum, wo die Staufer im 12. und 13. Jahrhundert neue Städte auf ihrem Reichsgut gegründet oder ältere Städte zur Freien Reichsstadt erhoben hatten, so beispielsweise Augsburg, Frankfurt, Nürnberg, Ulm, Nördlingen und Dinkelsbühl. Aber auch Regensburg, Straßburg und Köln waren Freie Städte. Der Ausspruch »Stadtluft macht frei nach Jahr und Tag« umschreibt den mittelalterlichen Rechtsgrundsatz, nach dem ein Leibeigener nach Ablauf eines Jahres in der Stadt ein neues Leben beginnen konnte.

Rothenburg ob der Tauber wurde 1274 zur Freien Reichsstadt erhoben und entwickelte sich zu einer florierenden Handelsstadt, in der im Spätmittelalter bis zu 6.000 Einwohner lebten. Das Territorium umfasste rund 400 Quadratkilometer mit 167 Dörfern und mehreren Burgen. In Rothenburg entfaltete sich wie in den anderen Reichsstädten ein selbstbewusstes Bürgertum, an dessen Spitze einflussreiche Patrizierfamilien standen. Schmucke Rathäuser wurden zur Repräsentation und mächtige Stadtmauern zur Verteidigung errichtet. Wie fast alle Reichsstädte verlor auch Rothenburg infolge des Reichsdeputationshauptschlusses 1803 seine Eigenständigkeit und wurde dem Königreich Bayern zugeschlagen.

Adresse 91541 Rothenburg ob der Tauber | Literaturtipp Horst Rupp und Karl Borchardt: Stadtgeschichte Rothenburg ob der Tauber.

11 Die Schlosskirche

Luthers Thesenanschlag

Eigenhändig soll Martin Luther am 31. Oktober 1517 seine 95 Thesen an die Tür der Schlosskirche von Wittenberg genagelt haben. Eine Szene mit Symbolkraft, die mehrfach auf Gemälden und filmisch dargestellt wurde. Man sieht den Augustinermönch, in seine Kutte gehüllt, wie er seine Thesen entschlossen an die Holztür hämmert. Obwohl es keine konkreten Beweise für den »Thesenanschlag« gibt, wurde dieses Narrativ bereits von Melanchthon nach Luthers Tod verbreitet, und so gehört der Thesenanschlag zum Gründungsmythos der Reformation.

Überliefert ist hingegen, dass Luthers lateinische Thesen zunächst handschriftlich kursierten, bevor sie übersetzt und in Nürnberg, Leipzig sowie Basel gedruckt und viel diskutiert wurden. Luther kritisierte vor allem den damals beliebten Handel mit Ablassbriefen, die dem Käufer einen »Nachlass von auferlegten Strafen, die von dem Sünder nach seiner Umkehr noch zu verbüßen sind«, gewähren sollten. Die Erlöse gingen zur Hälfte an den Erzbischof Albrecht, während der Papst mit der anderen Hälfte den Bau der Peterskirche in Rom finanzierte. Martin Luther hingegen war davon überzeugt, dass die Befreiung des Menschen von seiner Schuld nicht durch Geld oder eigene Taten erfolgen könne, sondern nur durch die Gnade Gottes.

Luthers Thesen, die als Grundlage für Diskussionen gedacht waren, führten letztendlich dazu, dass ihn die Kirche als Ketzer erachtete und ein Verfahren gegen ihn einleitete. Aufgrund der breiten Unterstützung in der Bevölkerung erneuerte er seine Kritik, auch die am Zölibat. Unerschrocken begehrte er weiter gegen die Vormundschaft der römischen Hierarchie auf, obwohl ihm Konsequenzen drohten. Schließlich wurde Luther exkommuniziert, aber Rückhalt und Zuspruch waren so groß, dass sich innerhalb kürzester Zeit auch zahlreiche Fürsten der Bewegung anschlossen und der Reformation ihren Weg in Deutschland ebneten.

Adresse Schlossplatz 1, 06886 Wittenberg, Zugang über Besucherzentrum im Schlosshof | Öffnungszeiten Nov. – Karfreitag Mo – Sa 10 – 16 Uhr, So 11.30 – 16 Uhr, Karsamstag – Okt. Mo – Sa 10 – 17 Uhr, So 11.30 – 17 Uhr | Literaturtipp Heinz Schilling: Martin Luther. Rebell in einer Zeit des Umbruchs.

12 Die Fuggerei

Eine Investition in das Seelenheil

Der soziale Wohnungsbau ist keine Errungenschaft des 20. Jahrhunderts. Schon im Mittelalter gab es ähnliche Institutionen, so die Beginenhöfe in Flandern oder das von Konrad Groß 1339 gegründete Heilig-Geist-Spital in Nürnberg, das 72 Pfründnern, also mittellosen älteren Menschen, Unterkunft bot. Die wohl bekannteste und bis heute bestehende Sozialsiedlung ist die Fuggerei in Augsburg, gestiftet von Jakob Fugger am 23. August 1521.

Die Fugger, ein seit 1367 in Augsburg ansässiges Kaufmannsgeschlecht, wurden vor allem durch Jakob Fugger (1459–1525) bekannt. Als Bankier, Kaufmann und Montanunternehmer (Bergbau und Hüttenwesen) war er so erfolgreich, dass er zu den vermögendsten Menschen seiner Zeit zählte und den Beinamen »der Reiche« erhielt. Jakob Fugger spielte auch eine bedeutende Rolle in der europäischen Politik, indem er die Habsburger Könige Maximilian I. und Karl V. finanziell unterstützte und im Gegenzug zum Reichsgrafen erhoben wurde.

In Erinnerung geblieben ist Jakob Fugger aber vor allem als Stifter der Fuggerei, in der laut Stiftungsurkunde von Armut bedrohte Handwerker und Tagelöhner leben durften, wie im zugehörigen Fuggereimuseum zu erfahren ist. Die Fuggerei ist eine nach außen abgeschlossene Reihenhaussiedlung mit 67 Häusern und 140 Wohnungen mit einer Wohnfläche von jeweils 60 Quadratmetern. Jede Erdgeschosswohnung verfügt über einen kleinen Garten, für die im ersten Stock gibt es zusätzlich einen Speicher. Derzeit leben rund 150 bedürftige Menschen in der Fuggerei. Die Jahreskaltmiete beträgt nur 88 Cent!

Es gibt jedoch zwei Bedingungen für die Aufnahme: Die Bewohner müssen katholische Augsburger Bürger sein, und sie müssen täglich ein Vaterunser, ein Glaubensbekenntnis und ein Ave-Maria für den Stifter Jakob Fugger und seine Familie sprechen. Unter diesem Gesichtspunkt war die Gründung der Fuggerei eine kluge Investition in das eigene Seelenheil.

Adresse Fuggerei 56, 86152 Augsburg | Öffnungszeiten April–Sep. täglich 9–20 Uhr, Okt.–März täglich 9–18 Uhr, www.fugger.de/fuggerei | Literaturtipp Astrid Gabler (Hrsg.): Die Fuggerei. Familie, Stiftung und Zuhause seit 1521.

13 Der Bauernkrieg

Eine Revolution von unten?

Soziale und gesellschaftliche Spannungen prägten bereits das mittelalterliche Deutschland. Vor allem die Lebensbedingungen der bäuerlichen Bevölkerung waren denkbar schlecht und von Rechtlosigkeit geprägt. Viele Bauern lebten in Leibeigenschaft oder mussten Dienstpflichten erfüllen. Hohe Abgaben an die adeligen Herren führten dazu, dass der Landbevölkerung kaum das Existenzminimum zur Verfügung stand. Schlechte Ernten verursachten immer wieder schreckliche Hungersnöte. Vor diesem historischen Hintergrund erscheint das Leben der heutigen Bauerngeneration allen Protesten zum Trotz geradezu paradiesisch.

Im Zuge der Reformation erlangten die Bauern neues Selbstbewusstsein. Inspiriert von Reformatoren wie dem Schweizer Ulrich Zwingli forderten sie vergeblich bessere Lebensbedingungen und die Aufhebung der Leibeigenschaft. Im Frühjahr 1525 organisierte sich der unterdrückte Bauernstand an verschiedenen Orten im Südwesten des Reiches zu militärischen »Haufen«. Zahlreiche Kirchen, Klöster und Burgen gingen in Flammen auf, der Bauernkrieg begann. Wochenlang kam es an verschiedenen Orten zu kriegerischen Auseinandersetzungen mit den Heeren der Landesfürsten. Eine der größten Schlachten ereignete sich am 15. Mai 1525 im thüringischen Frankenhausen: 6.000 Bauern starben, und ihr Anführer Thomas Müntzer wurde gefoltert und enthauptet. Wenige Monate später war der Aufstand gescheitert, da die Bauern militärisch unterlegen und schlecht organisiert waren.

Karl Marx und Friedrich Engels sahen im Bauernkrieg eine revolutionäre Bewegung des unterdrückten Volkes, ein Geschichtsbild, das in der DDR mit der Verehrung Thomas Müntzers weiter gepflegt wurde. Auf dem Schlachtberg bei Bad Frankenhausen wurde eine Gedenkstätte errichtet, in deren Zentrum das kreisrunde Monumentalgemälde »Frühbürgerliche Revolution in Deutschland« des Leipziger Malers Werner Tübke steht.

Adresse Panorama Museum, Am Schlachtberg 9, 06567 Bad Frankenhausen | Öffnungszeiten Di–So 10–17 Uhr, www.panorama-museum.de | Literaturtipp Peter Blickle: Der Bauernkrieg. Die Revolution des Gemeinen Mannes.

14 Der Käfig

Der Kampf um den rechten Glauben

Das Zeitalter der Reformation war eine Epoche, die von verschiedenen religiösen Bewegungen und kriegerischen Auseinandersetzungen, wie den Bauernkriegen, geprägt wurde. Allerorten rang man um die Vorherrschaft des »richtigen« Glaubens. In manchen Städten kam es zu kleinen Aufständen, und schnell wurden die Bürger zum Spielball politischer Interessen.

Katholiken auf der einen Seite und die Anhänger von Luther und Zwingli auf der anderen Seite standen sich unversöhnlich gegenüber. Hinzu kamen Vertreter des Spiritualismus wie Kaspar Schwenckfeld und Sebastian Franck sowie die Täuferbewegungen, die vor allem in der Schweiz und in Süddeutschland verbreitet waren. Im Zuge der reformatorischen Bestrebungen gelangte 1534 im westfälischen Münster eine Gruppe niederländischer Täufer an die Macht und radikalisierte sich. Es handelte sich um Vertreter eines apokalyptisch-chiliastisch ausgerichteten Glaubens, die ein religiöses Terrorregime errichteten.

Die Stadt Münster wurde daraufhin von einem Heer katholischer und evangelischer Fürsten gemeinsam belagert und erobert. Das Täuferreich endete blutig: Rund 650 Männer wurden getötet, alle Frauen vertrieben. Dem selbst ernannten »Täuferkönig« Jan van Leiden und seinen führenden Mitstreitern Bernd Krechting und Bernd Knipperdolling riss man am 22. Januar 1536 mit glühenden Zangen die Zungen heraus und folterte sie zu Tode. Zur Abschreckung wurden ihre Leichen in drei eiserne Käfige gesteckt und am Turm der Lambertikirche aufgehängt und zur Schau gestellt.

Der 1555 geschlossene Augsburger Religionsfriede sollte weitere kriegerische Auseinandersetzungen verhindern und sicherte den Reichsstädten und Landesfürsten Religionsfreiheit zu. *Cuius regio – eius religio:* Wer regiert, bestimmt den Glauben. 60 Jahre herrschte Frieden im Reich, doch dann entluden sich die Konflikte im Dreißigjährigen Krieg mit verheerenden Folgen für ganz Europa.

Adresse Lambertikirche, 48143 Münster | Literaturtipp Mark Greengrass: Das verlorene Paradies: Europa 1517–1648.

15 Die Bibliothek

Sammeln, archivieren, lesen

Deutschland ist ein Land der Dichter und Denker. Und damit auch ein Land der Bücher und Bibliotheken. In keinem anderen Land der Welt existiert ein so dichtes Netz von Buchhandlungen und Bibliotheken. Nicht zu vergessen: Literaturhäuser und zahlreiche andere Institutionen, die sich der Literaturvermittlung verschrieben haben. Spätestens seit der Aufklärung sind Bibliotheken nicht nur Aufbewahrungsorte für Wissen, sondern auch Katalysatoren für kulturellen Austausch, denn sie fördern den Diskurs und das demokratische Denken.

Es gibt in Deutschland viele eindrucksvolle Staats-, Universitäts- und Stadtbibliotheken, hinzu kommen Spezialsammlungen wie das Literaturarchiv in Marbach. Zu den bedeutendsten Bibliotheken gehört fraglos die Herzog August Bibliothek in der welfischen Residenzstadt Wolfenbüttel. 1572 gegründet, wurde sie schon von Zeitgenossen als achtes Weltwunder gepriesen und galt im 17. Jahrhundert als die größte Bibliothek nördlich der Alpen. Der Universalgelehrte Gottfried Wilhelm Leibniz wirkte hier als Bibliothekar.

Obwohl es in Deutschland gegenwärtig mehr als 8.800 Bibliotheken gibt, werden es dennoch Jahr für Jahr weniger. Eine bedenkliche Tendenz, denn ihre Bedeutung geht weit über das Bewahren von Büchern hinaus. Sie sind Orte der Forschung und Bildung. Das deutsche Geistesleben wurde und wird maßgeblich von diesen Institutionen geprägt, die einfach und kostenlos ein breites Spektrum von Wissen und Ideen zugänglich machen.

In Zeiten von Digitalisierung und globaler Vernetzung bleibt die Rolle der Bibliotheken im Wandel. Dennoch behalten sie ihre Bedeutung als Hüter des kulturellen Erbes und als Quellen der Inspiration für Generationen von Denkern, Forschern und Künstlern. Die Herzog August Bibliothek steht symbolisch für diese reiche Tradition und für die lebendige Rolle, die Bibliotheken im deutschen Geistesleben spielen.

Adresse Lessingplatz 1, 38304 Wolfenbüttel | **Öffnungszeiten** Bibliotheca Augusta Mo–Di, Fr 9–13 Uhr, Mi–Do 9–16 Uhr, Zeughaus-Bibliothek Mo–Fr 9–18 Uhr, Lessinghaus Di–So 10–17 Uhr | **Literaturtipp** Peter Burschel: Die Herzog August Bibliothek: Eine Geschichte in Büchern.

16 Der Westfälische Friede

Das Ende des Dreißigjährigen Krieges

Als am 24. Oktober 1648 in den Rathäusern von Münster und Osnabrück der Westfälische Friede unterzeichnet wurde, endete der Dreißigjährige Krieg. Eine Epoche, die bis dato ungeahntes Leid und Schrecken über Deutschland gebracht hatte. Weite Teile des Landes waren verwüstet, manche Städte wie Magdeburg sogar entvölkert.

Der Dreißigjährige Krieg war ein Krieg mit europäischer Dimension, auch wenn er vorwiegend auf deutschem Boden ausgetragen wurde. Er begann als Religionskrieg und entwickelte sich im Laufe der Zeit zu einem territorialen Konflikt mit dynastischen Interessen. Von 1618 an hatten sich Katholiken und Protestanten, Franzosen und Schweden und ihre jeweiligen Bündnisgenossen bekriegt. Feldherren wie der schwedische König Gustav Adolf, Wallenstein und Graf Tilly führten Schlachten in einem bis dahin unbekannten Ausmaße. Die geschätzte Zahl der Toten bewegt sich zwischen drei und neun Millionen, bei einer Gesamtbevölkerung von 15 bis 20 Millionen!

Alle Beteiligten erkannten reichlich spät, dass diesem Blutvergießen ein Ende gesetzt werden musste. Bis sich schließlich alle Kriegsparteien am Verhandlungstisch zusammenfanden, um sich auf ein komplexes Vertragswerk zu einigen, verging viel Zeit. Während des fünf Jahre (!) tagenden Friedenskongresses dauerten die Kriegshandlungen weiter an, trotz der allgemeinen Kriegsmüdigkeit und der Erschöpfung der Ressourcen. Die Verhandlungen entschieden über Entschädigungszahlungen, territoriale Veränderungen und die Gleichstellung aller Konfessionen.

Schließlich unterzeichneten die Vertreter des deutschen Kaisers Ferdinand III. zusammen mit den Reichsständen in Münster einen Friedensvertrag mit den Gesandten des französischen Königs Ludwig XIV., während sich andere Vertreter des Kaisers mit der Königin Christina von Schweden in Osnabrück am gleichen Tag auf einen komplementären Vertrag einigten.

Adresse Markt 30, 49074 Osnabrück | Literaturtipp Herfried Münkler: Der Dreißigjährige Krieg: Europäische Katastrophe, deutsches Trauma 1618–1648.

17 Die Hugenottenkirche

Ein »Tempel« in der Fremde

Es war ein beispielloser Flüchtlingsstrom, der aus dem Westen nach Deutschland kam. Rund 50.000 hugenottische Glaubensflüchtlinge erreichten die Grenzen der deutschen Fürstentümer. Der Auslöser für den Massenexodus war das Edikt von Fontainebleau vom 18. Oktober 1685, mit dem der französische König Ludwig XIV. das Toleranzedikt von Nantes (1598) aufhob. Innerhalb weniger Monate flohen rund 300.000 Hugenotten aus Frankreich, in erster Linie in die Schweiz, in die Niederlande, aber auch nach Brandenburg, Hessen und nach Franken.

Nur zwei Monate nach der Ankunft der ersten Glaubensflüchtlinge in Erlangen legten die Soldaten von Markgraf Christian Ernst den Grundstein für eine reformierte Kirche (»le Temple«) mit gestuftem Walmdach, die er aus eigener Tasche bezahlte und seinen neuen Untertanen zum Geschenk machte. Die 1693 eingeweihte Erlanger Hugenottenkirche besticht durch ihre schlichte Architektur. Im Inneren ist alles zentral auf die Kanzel ausgerichtet, denn die Predigt steht im Mittelpunkt des reformierten Gottesdienstes.

Christian Ernst handelte aber nicht uneigennützig. Von der Gründung einer »Idealstadt« erhoffte er sich einen Aufschwung für seine Markgrafschaft. Die Hugenotten sollten als fleißige Handwerker und Kaufleute die Wirtschaft beleben. Das Stadtleben veränderte sich. Neue Kleider und Trachten waren in den Straßen Erlangens zu sehen, die Flüchtlinge brachten andere Sitten und andere Essgewohnheiten mit. Französische Laute drangen aus den Häusern. Die fremde Mentalität und die seitens des Landesherrn gewährten Privilegien, wie Steuerfreiheit, schürten Missgunst und Abneigung in der alteingesessenen Bevölkerung. Erst nach mehreren Generationen war die gesellschaftliche Integration der Hugenotten abgeschlossen. Seit 1922 gehört die Hugenottenkirche zur Deutsch-reformierten Kirche.

Adresse Hugenottenplatz 2, 91054 Erlangen | Literaturtipp Hartmut Heisig: Erlangen: Die Hugenottenstadt.

18 Das Opernhaus

Der Traum der Markgräfin

Deutschland ist nicht nur ein Land der Dichter und Denker, sondern auch ein Land der Theater und Opernhäuser. Nirgendwo auf der Welt gibt es eine solche Dichte an Kulturstätten. Neben zahllosen Kleinkunstbühnen und spektakulären modernen Bauten wie beispielsweise der Hamburger Elbphilharmonie gibt es anspruchsvolle Nachkriegsentwürfe, so das Theater der Stadt Bonn. Hinzu kommen imposante Bauten wie die Semperoper in Dresden und die Alte Oper in Frankfurt.

Das Theater ist ein Relikt der höfischen Theater- und Festkultur des 18. Jahrhunderts, als sich im kleinstaatlichen Deutschland jeder Fürst und Landesherr eine eigene Bühne leistete. Viele historische Theater fielen allerdings einem Feuer oder dem Bombenhagel des Zweiten Weltkriegs zum Opfer. Zu den eindrucksvollsten erhaltenen Bauten gehören das klassizistische Stadttheater von Aschaffenburg, das barocke Ekhof-Theater in Gotha und das barocke Markgrafentheater in Erlangen. Ein prachtvoller Rokokobau ist das Münchner Cuvilliés-Theater. Doch nur ein Theaterbau wurde von der UNESCO 2012 zum Weltkulturerbe geadelt: das Markgräfliche Opernhaus in Bayreuth.

Es verdankt seine Entstehung der kunstbeflissenen Markgräfin Wilhelmine, der Lieblingsschwester des Preußenkönigs Friedrichs des Großen. Von 1745 bis 1748 ließ Wilhelmine das äußerlich eher unscheinbare Opernhaus mit seiner klassizistischen Fassade vom französischen Architekten Joseph Saint-Pierre inmitten der Stadt erbauen. Im Inneren dominiert die imposante barocke Ausgestaltung von Giuseppe und Carlo Galli Bibiena, zwei der führenden Theaterdekorateure der damaligen Zeit. Die beiden schufen einen einzigartigen Klangraum mit einer minimalen Nachhallzeit von weniger als einer Sekunde. Der ausschließlich aus Holz gefertigte Zuschauerraum mit seinen Logen ließ sich allerdings kaum heizen und wurde daher nur im Sommer genutzt.

Adresse Opernstraße 16, 95444 Bayreuth | **Öffnungszeiten** April–Sept. täglich 9–18 Uhr, Okt.–März täglich 10–16 Uhr, www.schloesser.bayern.de | **Literaturtipp** Markgräfin Wilhelmine von Bayreuth: Memoiren einer preußischen Königstochter.

19 Die Hexenverfolgungen

Religiöse Wahnvorstellungen

Die Hexenverfolgungen, die in der Frühen Neuzeit in Mitteleuropa und vor allem in Deutschland stattfanden, gehören zu den düstersten Kapiteln der Kirchengeschichte. Jahrhundertelang verbreiteten religiöse Wahnvorstellungen und ein schrecklicher, von den Kirchen gestützter Aberglaube Angst und Schrecken.

In jeder Stadt, jedem Dorf wurden mutmaßliche Hexen ausgemacht, die angeblich mit dem Teufel im Bunde standen. Ein Vorwurf aus Missgunst und eine Denunziation genügten, um die bezichtigte Person ins Gefängnis zu bringen. Dort wurde sie grausam gefoltert, bis sie ein Geständnis ablegte. Es drohte der Tod durch Ertränken, auf dem Scheiterhaufen oder durch das Schwert. Dieser religiöse Fanatismus, unterstützt durch weltliche Gerichte, war weit verbreitet. Mit dem »Hexenhammer« gab es sogar ein Buch, das detailliert die Verbrechen der Hexen beschrieb und genaue Regeln für Prozesse gegen sie aufstellte. Vor allem in Krisen- und Kriegszeiten, bei Missernten oder Naturkatastrophen wurden die Schuldigen schnell ausgemacht und grausam zur Rechenschaft gezogen.

Es wird geschätzt, dass rund drei Millionen Menschen der Hexerei bezichtigt wurden, zwischen 40.000 und 60.000 der Angeklagten wurden hingerichtet. Mehr als drei Viertel von ihnen waren weiblich, wobei die Opfer meist allein lebende, alte und zur unteren sozialen Schicht gehörende Frauen waren.

Im Zeitalter der Aufklärung kam es dann nur noch vereinzelt zu Anklagen wegen »Hexerei«, da wissenschaftlichen Erkenntnissen mehr Bedeutung zugemessen wurde als Magie und Aberglaube. Am 8. April 1775 wurde im Fürststift Kempten im Allgäu mit Anna Maria Schwägelin das letzte Mal eine »Hexe« in Deutschland zum Tode verurteilt. Die Dienstmagd hatte vor Gericht einen »Teufelspakt« gestanden. Allerdings wurde die Strafe nicht vollzogen. Anna Maria Schwägelin starb sechs Jahre später im Gefängnis.

Adresse Stiftsplatz, 87439 Kempten | Literaturtipp Wolfgang Petz: Die letzte Hexe. Das Schicksal der Anna Maria Schwägelin.

20 Das Goethe-Haus

Der Dichterfürst in der Provinz

Die Italiener haben Dante, die Spanier Cervantes, die Engländer Shakespeare und die Deutschen Goethe. Kein anderer Name repräsentiert so sehr die deutsche Kultur. Selbst die bedeutendste kulturpolitische Institution des Landes trägt seinen Namen. Der Autor von Werken wie »Götz von Berlichingen«, »Werther«, »Faust«, »Wilhelm Meister« und der »Italienischen Reise« gilt 200 Jahre nach seinem Tod als einer der bedeutendsten Schöpfer deutschsprachiger Dichtung.

Goethe und Weimar – das war eine kongeniale Verbindung. Als der junge Johann Wolfgang Goethe im November 1775 auf Einladung des Herzogs Carl August dort eintrifft, konnte niemand ahnen, welchen Glanz die Hauptstadt des Herzogtums Sachsen-Weimar-Eisenach in den nächsten Jahrzehnten entfalten würde. Damals war Weimar nur ein Provinzstädtchen mit 6.000 Einwohnern, dessen Straßen von Mist und Morast bedeckt waren. Geschmeichelt durch die Bewunderung und das Vertrauen des Herzogs, blieb Goethe in Weimar und sanierte als Geheimrat den überschuldeten Haushalt des Herzogtums. Die Anwesenheit des Dichterfürsten zog weitere Schriftsteller und Intellektuelle an. Schiller, Wieland, Herder, Fichte, Schelling, Schlegel und Novalis lebten und wirkten in Weimar. Kulturell überstrahlte das kleine Fürstentum schon bald die Großmächte Österreich und Preußen. Eine ganze Epoche ist als Weimarer Klassik in die Literaturgeschichte eingegangen.

Das Haus am Frauenplan wurde zum Zentrum der Goethe-Verehrung. Hier hatte der Dichterfürst von 1782 bis zu seinem Tod am 22. März 1832 50 Jahre lang gelebt. Seither pilgern Literaturliebhaber nach Weimar. Schon Turgenjew wunderte sich, dass Goethes Wohnhaus »wie ein Heiligtum gezeigt wird«. Die Räumlichkeiten beherbergen seit 1885 das Goethe-Nationalmuseum. Unzählige Besucher haben bis heute die hölzernen Dielen betreten, um Goethes Arbeitszimmer und seine Bibliothek zu bewundern.

Adresse Frauenplan 1, 99423 Weimar | Öffnungszeiten Di–So 9.30–16 Uhr, www.klassik-stiftung.de/goethe-nationalmuseum/goethes-wohnhaus | Literaturtipp Annette Seemann: Goethes Orte in Weimar.

21 Der mythische Fluss

Rheinromantik

Auf seine geografischen Gegebenheiten reduziert, ist der Rhein ein europäischer Fluss, der im Adula-Massiv entspringt und nach knapp 1.250 Kilometern in die Nordsee mündet. Von der Quelle bis zur Mündung haben sich seine Wassermassen ein breites Bett gegraben, das anfangs durch gebirgiges Terrain, später durch eine hügelige, sonnenverwöhnte Landschaft führt, bis sich der Fluss mit seinen mitgeführten Sedimenten beim heutigen Rotterdam ins Meer ergießt.

In emotionaler Hinsicht war und ist der Rhein jedoch weit mehr als ein breiter Strom, der irgendwo dem Meer entgegenplätschert – kein anderer europäischer Flusslauf wurde stärker politisiert und poetisiert als »Vater Rhein«, wobei das eine das andere bedingte.

Der Rhein war seit dem Hochmittelalter die wichtigste Verkehrsader Deutschlands. Er wurde jahrhundertelang in erster Linie als eine Landmarke betrachtet, die bewahrt und ideologisch besetzt werden musste. Der zum Mythos stilisierte Strom wurde wiederholt zum diplomatischen Zankapfel: Die einen schwärmten vom »deutschen Strom«, die anderen priesen den Rhein als »Frankreichs natürliche Grenze«.

Der Rheinmythos überstrahlt den Fluss noch heute. Es waren zwar die Engländer, die im 18. Jahrhundert als erste Touristen das Rheintal bereisten, aber vor allem die Romantiker wie Friedrich Schlegel rühmten den Rheinlauf als erhabene Landschaft. Die Ballade von Clemens Brentano verklärte die Loreley, während »Die Wacht am Rhein« den deutschen Patrioten als inoffizielle Nationalhymne galt. Mit seinen Burgruinen und Schlössern wie Rheinstein und Stolzenfels entwickelte sich das Mittelrheintal zum ersten touristischen Hotspot Deutschlands. Vom Dom in Speyer mit seiner kaiserlichen Grablege über das Nibelungenlied und »Das Rheingold« bis hin zum Kölner Dom als Symbol patriotisch-bürgerlicher Gesinnung ist der Rhein ein besonderer Ort der deutschen Geschichte.

Literaturtipp Lucien Febvre: Der Rhein und seine Geschichte.

22 Das Brandenburger Tor

Preußenmythos und Nationalsymbol

Keine andere Macht hat die deutsche Geschichte der Neuzeit so maßgeblich geprägt wie das Königreich Preußen. Der spektakuläre Aufstieg Preußens von einem kleinen, an Bodenschätzen armen und territorial zersplitterten Fürstentum zu einer europäischen Großmacht ist nicht allein dem Mythos großer Persönlichkeiten wie dem Soldatenkönig Friedrich Wilhelm I. oder seinem Sohn Friedrich dem Großen zu verdanken. Vielmehr fußte dieser Aufstieg vor allem auf der Ausdauer und Leistungsfähigkeit seiner Bevölkerung. Innerhalb weniger Jahrzehnte entwickelte sich Preußen zum Zentrum des europäischen Militarismus, war jedoch ebenso ein Land der Aufklärung, Toleranz und Bildung, dessen Einfluss auf einer gut organisierten Bürokratie gründete. Die berühmten preußischen Tugenden, allen voran Fleiß, Disziplin und Pflichtbewusstsein, wurden zu einem festen Bestandteil des kollektiven Bewusstseins.

Denkmale und Bauwerke wie das Schloss Sanssouci in Potsdam und der Berliner Dom erinnern bis heute an Preußens Glanz und Gloria. Das preußische Erbe ist im Berliner Stadtbild auch durch den umstrittenen Stadtschlossnachbau präsent, und Friedrich der Große reitet als Bronzestandbild stolz mit Uniform, Hermelin und Dreispitz am Forum Fridericianum vorbei durch Berlins Stadtmitte. Das Berliner Gebäude, das am stärksten mit dem preußischen Militarismus und dem Nationalstaat verbunden war, ist das Brandenburger Tor. Zwischen 1789 und 1793 als frühklassizistisches Triumphtor errichtet, ist es durch die Napoleonischen Kriege und den Raub der Quadriga, die deutsche Teilung und deren Überwindung zum deutschen Nationalsymbol geworden. Es schmückte Münzen, Banknoten und Briefmarken und wurde vor der Wiedervereinigung als Anstecknadel mit der Aufschrift »Macht das Tor auf« verkauft. In Berlin gibt es keinen symbolträchtigeren Ort, weshalb auch nahezu jede Demonstration am Brandenburger Tor beginnt oder endet.

Adresse Pariser Platz, 10117 Berlin | Literaturtipp Christopher Clark: Preußen. Aufstieg und Niedergang 1600–1947.

23 Das Seebad

Als der Tourismus das Meer entdeckte

Die Vorstellung, im Meer zu baden und sich freiwillig den Widrigkeiten der Natur auszusetzen, war den Menschen lange Zeit fremd. Der dunklen Weite der Ozeane begegnete man mit Ehrfurcht und Angst. Es waren spleenige englische Aristokraten, die im 18. Jahrhundert den therapeutischen Nutzen von regelmäßigen Bädern im kalten Meer für sich entdecken. Eine Idee, die für Furore sorgte: Im südenglischen Brighton entstand das erste moderne Seebad mit Hotels, Tanzsälen und Kureinrichtungen. Pferde zogen hölzerne Badekarren ins Wasser, damit sich die Badegäste getrennt vom anderen Geschlecht in die Fluten stürzen konnten.

Auch in Deutschland wurde über die heilende Wirkung von Seebädern diskutiert. Es war der Göttinger Professor Georg Christoph Lichtenberg, der 1792 in einem Beitrag für einen Jahreskalender die Frage stellte: »Warum hat Deutschland noch kein Seebad?« Bereits ein knappes Jahr später wurde der Beschluss gefasst, am »Heiligen Damm« eines zu errichten. Initiator war Samuel Gottlieb Vogel, der Leibarzt des mecklenburgischen Herzogs Friedrich Franz I.

Dann ging es ziemlich schnell: Am 21. September 1793 wurde das erste Badehaus in Betrieb genommen, und Heiligendamm konnte sich rühmen, der erste Seebadeort Deutschlands und Kontinentaleuropas zu sein. Der Herzog selbst ging mit gutem Beispiel voran und eröffnete mit seinem Hofstaat die Badesaison. Um die nicht unerheblichen Kosten für den Bau seines Seebades stemmen zu können, verkaufte Friedrich Franz kurzerhand 1.000 mecklenburgische Soldaten als Söldner an den König von Oranien.

Heiligendamm wurde das bekannteste Seebad Deutschlands und erfreute sich beim europäischen Hochadel großer Beliebtheit. Dann erfolgte ein langsamer Niedergang, der Anfang des 21. Jahrhunderts gestoppt wurde, als die historischen Gebäude renoviert und in ein Grandhotel verwandelt wurden, in dem 2007 der G-8-Gipfel stattfand.

Adresse 18209 Bad Doberan | **Literaturtipp** Alain Corbin: Meereslust. Das Abendland und die Entdeckung der Küste.

24 Das Völkerschlachtdenkmal

Monumentale Erinnerungskultur

Vier Tage lang tobte im Oktober 1813 vor den Toren Leipzigs die bis dato größte Schlacht der Weltgeschichte. Fast 600.000 Soldaten aus über einem Dutzend Nationen standen sich gegenüber: Auf der einen Seite die Armee Napoleons mit ihren Verbündeten, auf der anderen die vereinten Truppen von Russland, Österreich, Preußen, Schweden sowie kleinerer Fürstentümer. Schnell sprach man von der Völkerschlacht bei Leipzig. Beide Seiten erlitten hohe Verluste. Am Ende musste der geschlagene Napoleon den Rückzug antreten; seine Machtambitionen auf deutschem Territorium waren endgültig gescheitert.

Im kollektiven Gedächtnis wurde die Völkerschlacht in der zweiten Hälfte des 19. Jahrhunderts zu einem Ereignis nationaler Bedeutung. Die deutschen Fürstentümer hatten sich vereint, um die Fremdherrschaft zu überwinden, die Volksgemeinschaft hatte gesiegt. Es entstand die Idee eines Völkerschlachtdenkmals. Im Jahr 1898 erfolgte die Grundsteinlegung für einen Erinnerungsort, der die völkischen, auf Geschlossenheit und Kampf abzielenden Inhalte des deutschen Nationalismus zum Ausdruck bringen sollte. Am 100. Jahrestag der Schlacht wurde es vor den Augen Kaiser Wilhelms II. feierlich eingeweiht.

Das monumentale Bauwerk beruht auf einem Entwurf des Berliner Architekten Bruno Schmitz. Majestätisch erhebt es sich über der Stadt Leipzig. Die Architektur des 91 Meter hohen Denkmals ist beeindruckend und spiegelt den damaligen Zeitgeist wider. Mit seinen Türmen, Kuppeln und Skulpturen sollte es eine heroische Pracht ausstrahlen, die heute als martialisch und sinnentleert empfunden wird. Der Innenraum beherbergt eine riesige Statue, die die Siegesgöttin Nike darstellt, und von einer Aussichtsplattform aus hat man einen atemberaubenden Blick über Leipzig. Um die Wirkung zu erhöhen, wurde direkt vor dem Denkmal ein quadratisches Wasserbecken angelegt, in dem sich der Turm spiegelt.

Adresse Straße des 18. Oktober 100, 04299 Leipzig | Öffnungszeiten April – Okt. täglich 10 – 18 Uhr, Nov. – März täglich 10 – 16 Uhr | Literaturtipp Andreas Platthaus: 1813. Die Völkerschlacht und das Ende der alten Welt.

25 Das Wartburgfest

Ehre, Freiheit, Vaterland

Die hoch über Eisenach gelegene Wartburg ist weit mehr als nur eine Burganlage in Thüringen. Spätestens seit dem Wartburgfest von 1817 ist sie ein Symbol für die nationale Einheit. Die Entscheidung der Urburschenschaftler, sich hier zu treffen, hatte mehrere Gründe: Einerseits wollte man den vierten Jahrestag der Völkerschlacht bei Leipzig feiern, andererseits sollte an den 300. Jahrestag des Beginns der Reformation erinnert werden, hatte sich doch Martin Luther fast ein Jahr lang auf der Wartburg in Schutzhaft befunden, um der Gefahr einer Verfolgung durch Reich und Kirche zu entgehen.

Am 18. Oktober 1817 versammelten sich knapp 500 Studenten von 13 verschiedenen deutschen Universitäten auf der Wartburg, um für politische Reformen und bürgerliche Freiheiten zu demonstrieren. Die Studentenschaft forderte Meinungsfreiheit, die nationale Einheit der deutschen Staaten und eine gemeinsame Verfassung. Geprägt durch die Ideen der Französischen Revolution und die Freiheitskriege gegen Napoleon wollte sie ein Zeichen setzen. Bei einem abschließenden Fackelzug auf den Wartenberg wurden Siegesfeuer zum Gedenken an die Völkerschlacht entzündet, Symbole und Bücher politischer Gegner verbrannt.

Von den staatlichen Autoritäten wurde das Wartburgfest als Bedrohung wahrgenommen, die Forderungen der Studenten als revolutionär betrachtet. Dennoch markiert das Fest den Beginn einer nationalen Bewegung, die in den folgenden Jahrzehnten an Bedeutung gewinnen sollte und die letztlich zur Schaffung des Deutschen Bundes und schließlich zur Gründung des Deutschen Kaiserreichs im Jahr 1871 führte. Die schwarz-rot-goldenen Fahnen, die die Urburschenschaftler auf der Wartburg mit sich führten, spielten auch auf dem Hambacher Fest und in der Paulskirche eine große Rolle. Wie zuvor in der Weimarer Republik sind Schwarz, Rot, Gold die Farben der Flagge der Bundesrepublik Deutschland.

Adresse Auf der Wartburg 1, 99817 Eisenach | Öffnungszeiten April – Okt. täglich 9 – 17 Uhr, Nov. – März täglich 9 – 15.30 Uhr, www.wartburg.de | Literaturtipp Wolfgang Benz: Das Wartburgfest. Ursprungsmythen des Nationalismus.

26 Die Eisenbahn

Aufbruch ins Industriezeitalter

Die Strecke war nur sechs Kilometer lang, aber als die sogenannte Ludwigsbahn am 7. Dezember 1835 zwischen Nürnberg und Fürth ihren Betrieb aufnahm, wurde eine neue Ära des Transportwesens in Deutschland eingeleitet. Schon damals erkannten die Menschen die Bedeutung dieses Ereignisses. Aus allen Teilen Deutschlands strömten in den folgenden Monaten Interessierte nach Nürnberg, um die von der Adler-Lokomotive gezogene Bahn zu bewundern. Der Lokführer und Ingenieur William Wilson nahm mit Frack und Zylinder auf dem Führerstand Platz. Unter dem Jubel der Zuschauer zog die Dampflok neun Wagen und transportierte 200 Fahrgäste.

Die Eisenbahn revolutionierte die Wahrnehmung von Raum und Zeit und ermöglichte eine neue Erfahrung von Geschwindigkeit. Sie spielte eine zentrale Rolle für die Industrialisierung in Deutschland. Große Gütermengen konnten nun in kurzer Zeit über weite Strecken transportiert werden. Davon profitierten insbesondere der Maschinenbau sowie die Stahl-, Kohle- und Eisenindustrie. Gegen Ende des 19. Jahrhunderts umfasste das deutsche Schienennetz bereits 60.000 Kilometer.

Die Eisenbahn sorgte zudem für eine schnellere Verbreitung von Nachrichten. Der Wunsch nach exakten Fahrplänen führte dazu, dass die Bahn- und Ortszeit in ganz Deutschland synchronisiert wurde. Das Landschafts- und Städtebild veränderte sich, der Bahnhof avancierte als Kathedrale der Moderne zum bedeutendsten architektonischen Bautypus.

Die Geschichte der Eisenbahn in Deutschland ist aber nicht nur eine Triumphgeschichte des Reisens und des Warentransports, es gibt auch eine Schattenseite: In allen Kriegen ab 1866 spielte die Bahn eine wichtige Rolle, und der Massenmord an den europäischen Juden in den osteuropäischen Vernichtungslagern wäre ohne die Deportationszüge der Reichsbahn nicht möglich gewesen.

Adresse DB Museum, Lessingstraße 6, 90443 Nürnberg | Öffnungszeiten Di–Fr 9–17 Uhr, Sa und So 10–18 Uhr, www.dbmuseum.de | Literaturtipp Wolfgang Schivelbusch: Geschichte der Eisenbahnreise.

27 Das Fest

Volkssouveränität statt Monarchie

Infolge der französischen Julirevolution von 1830 kam es auch in deutschen Städten wiederholt zu gewalttätigen Aufständen gegen Willkürherrschaft und Misswirtschaft. Getragen wurden diese Proteste sowohl von der akademischen Jugend als auch von breiteren Kreisen des Kleinbürgertums und der Handwerkerschaft. Besonders im liberaleren Südwesten Deutschlands fielen die Ideen auf fruchtbaren Boden.

Der Höhepunkt der gesamten Bewegung manifestierte sich 1832 im Hambacher Fest. Zwei Journalisten hatten zu einem »Nationalfest der Deutschen« auf dem Hambacher Schloss eingeladen und erwarteten tausend Besucher. Stattdessen kamen 20.000 bis 30.000 Teilnehmer, um gegen die restaurativen und repressiven Kräfte der damaligen Zeit zu protestieren – die größte politische Massenveranstaltung, die es bis dahin in Deutschland gegeben hatte! Im Unterschied zum Wartburgfest waren nicht nur Professoren und Studenten präsent, sondern auch Kaufleute, Handwerker, Winzer und Kleinbauern. Viele schwenkten schwarz-rot-goldene Fahnen. Ein absolutes Novum war die große Zahl an Frauen, die an der Veranstaltung teilnahmen.

Das Hambacher Fest markierte einen Höhepunkt der demokratischen Bewegung in Deutschland und setzte sich für Freiheit, Einheit und Demokratie ein. Es stand für den Wunsch nach nationaler Einheit und demokratischen Reformen. Redner unterschiedlicher politischer Überzeugungen traten auf, um für Grundrechte und Meinungsfreiheit einzutreten – für Volkssouveränität statt monarchischer Legitimität.

Trotzdem wurde die Hoffnung auf politische Veränderungen zunächst enttäuscht. Die Unterdrückung liberaler Bewegungen durch die Regierenden führte zu Rückschlägen, und die Einheit Deutschlands blieb vorerst unerreicht. Dennoch gilt das Hambacher Fest als symbolischer Meilenstein auf dem Weg zur Revolution von 1848/49 und der späteren deutschen Einigung im Jahr 1871.

Adresse Schlossstraße, 67434 Neustadt an der Weinstraße-Hambach | **Öffnungszeiten** März–Nov. täglich 10–18 Uhr, Dez.–Feb. täglich 11–17 Uhr, https://hambacher-schloss.de | **Literaturtipp** Jürgen Kocka: Kampf um die Moderne. Das lange 19. Jahrhundert in Deutschland.

28 Das Geburtshaus von Karl Marx

Kapitale Gedanken

Die Ideen keines anderen Deutschen haben die Weltgeschichte so nachhaltig beeinflusst wie die von Karl Marx. Mit seinem »Manifest der Kommunistischen Partei« (1848) und seinem Hauptwerk »Das Kapital« (1867) hatte er nicht nur großen Einfluss auf die Arbeiterbewegung; seine Kritik am Kapitalismus und seine Theorie des Klassenkampfes werden bis heute vielfach zitiert und in Deutungshaft genommen, um die ungleiche Verteilung von Vermögen, soziale Ungerechtigkeit und wirtschaftliche Ausbeutung zu thematisieren.

Mit dem »Marxismus« hat Karl Marx zusammen mit Friedrich Engels eine eigene Gesellschaftslehre mit dem Ziel begründet, eine klassenlose Gesellschaft ohne nationalistische Konzepte zu schaffen. Durch seine sowjetischen und chinesischen Strömungen hatte der Marxismus einen großen Einfluss auf die Geschichte des 20. Jahrhunderts und wirkt bis in die Politik der Gegenwart nach.

In Trier steht noch das barocke Wohnhaus, in dem Karl Marx am 5. Mai 1818 als Sohn eines jüdischen Anwalts geboren wurde. Bis zu seinem Abitur war die Stadt Trier sein Lebensmittelpunkt. In seinem Studium schmiedete er die Gedanken von Kant, Hegel, Feuerbach, Ricardo und anderen Philosophen zu neuen Ideen und deutete grundlegende Begriffe wie »Mehrwert«, »Entfremdung«, »Ausbeutung«, »Proletarier« und »Kapital« neu. Marx war von dem Willen getrieben, in einer Epoche des politischen und industriellen Umbruchs Antworten auf die gesellschaftlichen Herausforderungen zu finden.

Über die Stationen Köln, Paris und Brüssel landete der Vordenker als inzwischen »Staatenloser« schließlich in London, wo er am 14. März 1883 starb. In Trier wird an den Philosophen mit einem Museum und dem 2018 aufgestellten Karl-Marx-Denkmal erinnert – Letzteres war übrigens eine umstrittene Schenkung der Volksrepublik China.

Adresse Museum Karl-Marx-Haus, Brückenstraße 10, 54290 Trier | Öffnungszeiten täglich 10–13 und 13.30–18 Uhr, www.fes.de/museum-karl-marx-haus | Literaturtipp Jürgen Neffe: Marx. Der Unvollendete.

29 Das Brüder-Grimm-Haus

Märchen und Wörterbücher

Es waren einmal zwei Brüder, die es sich zur Aufgabe gemacht hatten, die Wurzeln der deutschen Sprache zu erforschen. Deswegen mussten sie ganz viele Bücher studieren – so oder so ähnlich könnte die Geschichte der Brüder Jacob und Wilhelm Grimm beginnen.

Die beiden in Hanau geborenen und in Steinau an der Straße aufgewachsenen Brüder Grimm gelten als Mitbegründer der Germanistik. Obwohl sie sich zeitlebens mit der Erforschung der deutschen Sprache beschäftigt haben, sind die Brüder heute vor allem durch zwei von ihnen herausgegebene Märchensammlungen in Erinnerung geblieben.

»Grimms Märchen« waren ursprünglich nicht als Lesebuch für Kinder gedacht, sondern wurden von den Brüdern aus volkskundlichem Interesse zusammengetragen. Die Märchensammlung stammte nicht, wie die Brüder behaupteten, aus dem »einfachen Volk«. Vielmehr wurden ihnen die Erzählungen zumeist von Damen mit großbürgerlichem oder adeligem Hintergrund zugetragen. Zu den bekanntesten Märchen gehören »Hänsel und Gretel« und »Der Froschkönig«. Auch wenn der moralische und pädagogische Tenor längst kritisch gesehen werden, so haben die Gebrüder Grimm mit ihrem Erzählstil maßgeblich unsere Vorstellung von Märchen geprägt.

Das ambitionierteste Projekt der Gebrüder Grimm war das »Deutsche Wörterbuch«, das sie 1838 begannen und als Sammlung sämtlicher Wörter aus der Zeit von Luther bis Goethe konzipierten. Allerdings hatten die Brüder die damit verbundene Arbeit vollkommen unterschätzt: In den über 20 Jahren bis zu ihrem Tod kamen sie nur bis zum Buchstaben D (Wilhelm) beziehungsweise F (Jacob). Erst 123 Jahre (!) nach Beginn der Arbeit erschien der letzte Band des »Deutschen Wörterbuchs«.

Das Brüder-Grimm-Haus in Steinau an der Straße bewahrt die Erinnerung und informiert über das Leben und germanistische Wirken der Grimms und gewährt spannende Einblicke in deren Märchenwelt.

Adresse Brüder-Grimm-Straße 80, 36396 Steinau an der Straße | Öffnungszeiten März – Okt. täglich 11 – 17 Uhr, Nov. – Feb. täglich 11 – 16 Uhr, www.brueder-grimm-haus.de | Literaturtipp Michael Lemster: Die Grimms. Eine Familie und ihre Zeit.

30 Das Albrecht-Dürer-Denkmal

Das erste Künstlerdenkmal

Da steht er, Albrecht Dürer, gehüllt in einen langen Mantel, mit Pinsel, Stift und Lorbeerzweig in der rechten Hand. Erhobenen Hauptes lässt der auf einen Sockel gestellte Meister seinen Blick selbstbewusst über den nach ihm benannten Platz in der Nürnberger Altstadt schweifen. Zugegeben, auf den ersten Blick wird das Albrecht-Dürer-Denkmal heute nicht mehr als besonders eindrucksvoll empfunden. Man betrachtet es als eines der vielen Denkmäler, an denen man sich landauf, landab im Denkmalkult des 19. Jahrhunderts berauschte.

Aber weit gefehlt: Das Dürer-Denkmal war das erste Denkmal in Deutschland, das einem Künstler gewidmet war, und eines der ersten, das keinem Herrscher huldigte. Im Jahre 1827 entstand unter den Schülern der Münchner Kunstakademie die Idee, Dürers Todestag im nächsten Jahr als allgemeines deutsches Künstlerfest zu feiern. König Ludwig I. war bereit, dieses Fest zu fördern und es mit der Grundsteinlegung eines Dürerdenkmals zu verbinden, für dessen Gestaltung er den Bildhauer Christian Daniel Rauch beauftragte. Der Nürnberger Jacob Daniel Burgschmiet hat den Entwurf in Bronze gegossen.

Das 1840 eingeweihte Dürer-Denkmal steht damit stellvertretend für das erstarkte Selbstbewusstsein des Bürgertums in Deutschland. Es galt nicht nur, gekrönten Häupter mit Ehrerbietung zu huldigen, sondern man verneigte sich auch vor dem bürgerlichen Genie, das als Maler, Musiker, Gelehrter oder als Erfinder die Mitmenschen erfreut hatte. Künstler und Philosophen waren den Fürsten und Regenten ebenbürtig. Das Nürnberger Beispiel machte Schule: In vielen deutschen Städten Denkmäler – meist als Standbilder – für Beethoven, Lessing, Schiller, Goethe, Kant und andere Geistesgrößen errichtet. Arthur Schopenhauer kritisierte die Monumentensucht: Wer mit dem Kopfe der Menschheit gedient habe, dem gebühre bloß eine Büste.

Adresse Albrecht-Dürer-Platz, 90403 Nürnberg | Literaturtipp Ulinka Rublack: Dürer im Zeitalter der Wunder. Kunst und Gesellschaft an der Schwelle zur globalen Welt.

31 Das Pfarrhaus

Gelebter Glaube

Das evangelische Pfarrhaus nimmt in Deutschland einen herausragenden gesellschaftlichen Stellenwert ein. Seit der Reformation, inspiriert durch das Vorbild Martin Luther, entwickelte es sich zu einem Mittelpunkt der Gemeinde und einem offenen Ort. Der Pfarrer und seine Familie verkörperten das Ideal der protestantischen Lebensweise. Jahrhundertelang genoss das Pfarrhaus in Stadt und Land hohes Ansehen; es war eine Institution, in der christliche Werte, Bildung und Kultur vermittelt und der protestantische Glauben authentisch gelebt wurde. Doch das Pfarrhaus war nicht nur die Seele der Gemeinde, sondern hatte auch eine große Bedeutung für die deutsche Geschichte.

Gotthold Ephraim Lessing, Hermann Hesse, Gottfried Benn, Albert Schweitzer, Gudrun Ensslin oder Angela Merkel – die Liste der berühmten Pfarrerskinder ist lang. Wer in einem evangelischen Pfarrhaus aufgewachsen ist, kam von früh an sehr intensiv mit dem christlichen Glauben in Berührung. Die Pfarrfamilie wohnte wie in einem Glashaus unter ständiger Beobachtung, und der Pfarrer musste unter Beweis stellen, dass seine Familie die christlichen Prinzipien lebte – eine öffentliche Stellvertreterrolle.

Für viele Pfarrerskinder war das Aufwachsen im Pfarrhaus eine Bereicherung, während andere darunter litten – prägend war es jedoch für alle. So auch für Friedrich Nietzsche, der am 15. Oktober 1844 im evangelischen Pfarrhaus in Röcken das Licht der Welt erblickte. Sein Vater Carl Ludwig wirkte bis zu seinem Tod als Pfarrer in diesem beschaulichen sächsischen Dorf, seine Mutter Franziska war ebenfalls eine Pfarrerstochter. Inwieweit dies Nietzsches ablehnende Haltung zum Christentum beeinflusst hat, bleibt Spekulation. Neben dem barocken Pfarrhaus gibt es eine Nietzsche-Gedenkstätte, die an den großen Philosophen erinnert; er wurde im Familiengrab in Röcken beigesetzt.

Adresse Nietzsche Gedenkstätte, Teichstraße 8, 06686 Lützen-Röcken | Öffnungszeiten März–Okt. Mi, Sa und So 13–17 Uhr, www.nietzsche-gedenkstaette.de | Literaturtipp Cord Aschenbrenner: Das evangelische Pfarrhaus. 300 Jahre Glaube, Geist und Macht. Eine Familiengeschichte.

32 Die Paulskirche

Ein Ort mit Symbolkraft

Die 1833 eingeweihte Frankfurter Paulskirche ist weit mehr als ein Gotteshaus. Sie ist ein Symbol für die Freiheit und gilt als Wiege der Demokratie in Deutschland. Ursprünglich anstelle der mittelalterlichen Barfüßerkirche erbaut, zeichnet sich die Paulskirche durch ihre klassizistische Rundbauarchitektur aus. Bis zu ihrer Zerstörung während des Zweiten Weltkriegs diente sie als Hauptkirche der evangelisch-lutherischen Gemeinde in Frankfurt. Berühmt wurde sie als der Ort, an dem die Delegierten der Frankfurter Nationalversammlung von 1848 bis 1849 als erste Volksvertretung für ganz Deutschland tagten.

Das infolge der Märzrevolution sich konstituierende Parlament blieb nicht ohne Widerspruch, denn die Zerrissenheit der politischen Akteure war groß. Linke Politiker kritisierten, dass nur vier Handwerker und keine Arbeiter unter den Abgeordneten waren, und lehnten das Paulskirchenparlament aufgrund seiner angeblich großen Nachgiebigkeit gegenüber den etablierten Mächten ab.

Die am 28. März 1849 in der Paulskirche verabschiedete freiheitliche Reichsverfassung mit ihren verankerten Grundrechten hat die Weimarer Verfassung von 1919 und das Grundgesetz für die Bundesrepublik Deutschland von 1949 geprägt. Doch die erste demokratische Verfassung für Deutschland konnte sich damals nicht durchsetzen. Aufgrund des Drucks reaktionärer Kräfte kam die Nationalversammlung am 30. Mai 1849 zum letzten Mal in Frankfurt zusammen.

Nach dem Ende des Zweiten Weltkriegs wurde die wiederaufgebaute Paulskirche zu einer bedeutenden politischen Gedenkstätte in Deutschland. Seit 1948 wird an diesem symbolträchtigen Ort nicht nur der Goethepreis der Stadt Frankfurt, sondern seit 1950 auch der renommierte Friedenspreis des Deutschen Buchhandels verliehen, den so bekannte Persönlichkeiten wie Nelly Sachs, Václav Havel, Saul Friedländer und Salman Rushdie erhielten.

Adresse Paulsplatz, 60311 Frankfurt am Main | Literaturtipp Maximilian Liesner: Paulskirche. Eine politische Architekturgeschichte.

33 Das Germanische Nationalmuseum

Ein Hort deutscher Kunst und Kultur

Einst wurden in Nürnberg die Reichskleinodien aufbewahrt, heute beherbergt die Stadt mit dem Germanischen Nationalmuseum die bedeutendste Sammlung deutscher Kunst und Kultur innerhalb ihrer mächtigen Mauern. Die Gründung des Museums im Jahr 1852 geht auf den fränkischen Landadeligen Hans Freiherr von und zu Aufseß zurück. Seine Vision für das Museum war, »ein wohlgeordnetes Generalrepertorium über das gesamte Quellenmaterial zur deutschen Geschichte, Literatur und Kunst zu erstellen, vorläufig von den ältesten Zeiten bis zum Jahr 1650«.

Die Stadt Nürnberg erschien dem Museumsgründer als »der beste Sitz für eine solche deutsche Nationalanstalt«, deren Grundstock anfangs seine eigene Sammlung bildete. Der heute etwas irreführend wirkende Zusatz »germanisch« sollte in einer Epoche, in der man das Fehlen eines deutschen Nationalstaates als besonders schmerzhaft empfand, die gesamte »Nation« repräsentieren, die sich durch eine gemeinsame Sprache, Geschichte und Kultur auszeichnete, und den nationalen Gedanken stärken.

Im Laufe der Zeit änderte sich das Verständnis von Geschichte, was dazu führte, dass der ursprüngliche Sammlungszeitraum allmählich bis zum frühen 20. Jahrhundert ausgedehnt wurde. Die Sammlung des Museums umfasst 1,2 Millionen Objekte zur Kunst- und Kulturgeschichte des deutschsprachigen Raumes. Das Spektrum reicht von der Vor- und Frühgeschichte, zu der herausragende Exponate wie der Goldkegel von Ezelsdorf und die Adlerfibel von Domagnano gehören, bis zur modernen Alltagskultur, einschließlich der »Frankfurter Küche«. Weitere Höhepunkte sind Gemälde von Dürer, Cranach, Altdorfer und Rembrandt sowie der original erhaltene Behaim-Globus, der von der UNESCO als Weltdokumentenerbe ausgezeichnet wurde.

Adresse Kartäusergasse 1, 90402 Nürnberg | **Öffnungszeiten** Di, Do – So 10 – 18 Uhr, Mi 10 – 20.30 Uhr, www.gnm.de | **Literaturtipp** Christian Kohler: Ein ruhiges Fortbestehen? Das Germanische Nationalmuseum im »Dritten Reich«.

34 Das Deutsche Auswandererhaus

Glückssuche fern der Heimat

Inmitten der aktuellen Debatten und Diskussionen um die Integration von Flüchtlingen ist völlig aus dem Blick geraten, dass Deutschland jahrhundertelang ein Land war, das Millionen Menschen verlassen haben, weil sie sich eine bessere Zukunft fern der eigenen Heimat erhofften. Angefangen bei den Siebenbürger Sachsen und den Banater Schwaben über die Wolgadeutschen bis hin zur großen Migrationsbewegung nach Übersee haben viele Deutsche Arbeit, Glück und Wohlstand jenseits der eigenen Landesgrenzen gesucht und meist auch gefunden.

Einer der größten Auswanderungshäfen Europas war im 19. und 20. Jahrhundert die Seestadt Bremerhaven. Mehr als sieben Millionen Menschen gingen hier an Bord eines Schiffes, aus wirtschaftlichen und religiösen Gründen, aber auch weil sie politisch oder rassistisch verfolgt wurden. Daher war es naheliegend, in Bremerhaven im Jahre 2005 ein Deutsches Auswandererhaus zu eröffnen, das sich dem Thema Emigration in seinen zahlreichen Facetten auf sehr ansprechende museumsdidaktische Weise widmet. Die verschiedenen Stationen der Auswanderung, von einer rekonstruierten Wartehalle über den Alltag an Bord bis zur Ankunft in der Einwanderungsbehörde Ellis Island, werden anschaulich dargestellt.

In den Jahren 2012 und 2021 wurde jeweils ein weiterer Ausstellungskomplex eröffnet, der Deutschland in seiner Rolle als Einwanderungsland in den letzten drei Jahrhunderten vorstellt. Dort stehen die Immigranten im Mittelpunkt – der Bogen spannt sich von den Hugenotten über Wander-, Saison- und sogenannte Gastarbeiter aus der Türkei sowie Vietnam bis zu Heimatvertriebenen, russischen Spätaussiedlern und Kriegsflüchtlingen aus Syrien und Afghanistan. Ein Museum über Migration in ihrer ganzen Vielfalt und Komplexität – ein Thema von aktueller Relevanz und großer Bedeutung.

Adresse Columbusstraße 65, 27568 Bremerhaven | **Öffnungszeiten** täglich 10–18 Uhr, https://dah-bremerhaven.de | **Literaturtipp** Maria Alexopoulou: Deutschland und die Migration. Geschichte einer Einwanderungsgesellschaft wider Willen.

35 Die Kurstadt

Trinkhalle meets Spielcasino

Für die Entwicklung des Tourismus in Europa spielten die traditionellen Kurstädte eine bedeutende Rolle. Der Aufenthalt in einem mondänen Kurbad mit seinen zahlreichen Einrichtungen bildete ein komplexes soziokulturelles Phänomen, das von adeligen und großbürgerlichen Familien zur Repräsentation, als Heiratsmarkt und als diplomatisches Parkett genutzt wurde. Kurorte präsentierten sich damals als eine imposante Aneinanderreihung von luxuriösen Hotels – ein architektonisches Streben nach gesellschaftlicher Anerkennung –, und Baden-Baden galt als »Sommerhauptstadt Europas«.

Bereits die Römer wussten die heißen Thermalquellen von Baden-Baden zu schätzen, und Kaiser Friedrich III. reiste 1473 zur Badekur an. Doch erst zu Beginn des 19. Jahrhunderts wurde das Städtchen von den badischen Großherzögen zum Kurort ausgebaut. Auf Betreiben des Stuttgarter Verlegers Johann Friedrich Cotta entstand ab 1807 mit dem Badischen Hof ein Luxushotel, das seiner Zeit weit voraus war und in vielerlei Hinsicht zum Vorbild der späteren Grandhotels werden sollte. Eine Spielbank, das Kurhaus im klassizistischen Stil mit Kolonnaden und eine Trinkhalle mit offenem Wandelgang vervollständigten das luxuriöse Flair. Die üppig ausgestatteten Fest- und Bankettsäle verliehen diplomatischen Verhandlungen den nötigen Glanz. So fand im Juni 1860 im Hotel Stephanie das denkwürdige Zusammentreffen zwischen dem französischen Kaiser Napoleon III. und dem Prinzregenten Wilhelm von Preußen statt. Einen besonderen Reiz übte das Glücksspiel auf die illustren Gäste aus, so besuchte der Schriftsteller Fjodor Dostojewski die Stadt von 1862 bis 1867 dreimal, um im Casino seiner Spielsucht zu frönen.

Heute gehört Baden-Baden zusammen mit Bad Kissingen und Bad Ems sowie weiteren sieben bedeutenden Kurstädten zum UNESCO-Weltkulturerbe »The Great Spa Towns of Europe«.

Adresse Stadtmuseum Baden-Baden, Lichtentaler Allee 10, 76530 Baden-Baden | **Öffnungszeiten** Di – So 11 – 18 Uhr | **Literaturtipp** Fjodor Dostojewski: Der Spieler.

36 Der Wanderweg

Mit und ohne Kniebundhose

»Das Wandern ist des Müllers Lust« – diese mehrfach vertonte Gedichtzeile steht stellvertretend für die große Wanderlust, die die Deutschen seit dem Zeitalter der Romantik bewegt. Während das Wandern zuvor schlicht eine Fortbewegungsart war, um von einem Ort zum anderen zu gelangen, wurde es damals zu einer Freizeitbeschäftigung, um die Natur und die Landschaft intensiv zu erleben. Im 19. Jahrhundert erfolgte die Institutionalisierung des Wanderns durch Wander- und Gebirgsvereine, Wanderwege wurden angelegt und ausgeschildert, Schutzhütten errichtet, Wanderkarten gezeichnet und Wanderführer verkauft. Mit der »Wandervogelbewegung« entstand sogar eine reformpädagogische Jugendbewegung, die in der freien Natur eine neue, selbstbestimmte Lebensart etablieren wollte.

Der berühmteste deutsche Wanderweg ist der Rennsteig, ein rund 170 Kilometer langer Kammweg, der vom Thüringer Wald bis zum Frankenwald führt. Der wahrscheinlich schon im Spätmittelalter als »Rynnestig« erwähnte Pfad wurde 1829 von dem Topografen Julius von Plänckner kartografiert und beschrieben. Dies begründete den Wandertourismus auf dem Rennsteig, der meist in sechs Etappen bewältigt wird. Der Schriftsteller August Trinius veröffentlichte 1890 das Buch »Der Rennstieg – Eine Wanderung von der Werra bis zur Saale«, 1896 gründete sich ein eigener »Rennsteigverein«.

Das Wandern, das nach dem Zweiten Weltkrieg als spießig galt, da man Hügel und Wälder vorzugsweise mit Karohemd und Kniebundhose erkundete, erlebte in den letzten beiden Jahrzehnten eine regelrechte Renaissance. Wandern wurde zur Glückssuche, beim Laufen in der freien Natur finden Körper und Geist mit der Außenwelt zusammen, Pilgerwanderer suchen nach spirituellen Erkenntnissen. Es gibt zahlreiche Fernwanderwege, aber auch Touren für Genusswanderer, und wer will, kann die Natur barfuß, nachts oder gar nackt erleben.

Adresse Höhenweg vom Mittellauf der Werra oder besser von Hörschel (bei Eisenach) bis zum Oberlauf der Saale bei Blankenstein | Literaturtipp Rebecca Solnit: Wanderlust. Eine Geschichte des Gehens.

37 Das Festspielhaus

Mythos Wagner

Von der Regenbogenpresse über seriöse Tageszeitungen bis zu den Abendnachrichten im Fernsehen werden wir alljährlich Ende Juli mit schönen bunten Bildern beglückt. Diese zeigen, wie Politiker und Prominente – die Herren im Smoking mit Fliege, die Damen im langen Abendkleid – gut gelaunt über den roten Teppich zum Festspielhaus schreiten. Selbst Parteivorsitzende und Ministerpräsidenten, die sich in ihrem Leben zuvor weder für klassische Musik noch für Wagner interessiert haben, reihen sich stolz in das Defilee auf dem Grünen Hügel ein und lächeln in die Kameras. Interessanterweise erhalten die Politiker Freikarten, obwohl jede Karte mit weit mehr als 100 Euro aus öffentlichen Geldern bezuschusst wird.

Doch der kurze Glanz ist schwer erkauft: »Der Ring des Nibelungen« dauert insgesamt rund 16 Stunden. Selbst wer nur einen Abend in Bayreuth verbringt, muss fünf Stunden – unterbrochen von zwei Pausen – auf den harten Stühlen des Festspielhauses aushalten. Schon Thomas Mann kritisierte einst, Bayreuth sei zu einem »musikalischen Lourdes ... einer wundersamen Grotte für die unersättliche Leichtgläubigkeit einer dekadenten Welt« geworden.

Wagner und Bayreuth – eine verhängnisvolle Beziehung. Seit Richard Wagner 1876 in der oberfränkischen Stadt seine Festspiele als Gesamtkunstwerk eröffnete, wurde auf dem Grünen Hügel mehr als »nur« Musikgeschichte geschrieben. Durch die persönliche Freundschaft von Wagners Schwiegertochter Winifred mit Adolf Hitler und dessen Wagnerverehrung gerieten die Festspiele unweigerlich in die Einflusssphäre des nationalsozialistischen Regimes. Das faschistische Gedankengut fiel gewissermaßen auf vorbereiteten Boden, denn auch Wagner hatte sich zu Lebzeiten eindeutig als Antisemit zu erkennen gegeben. Bis heute sind die Festspiele eine Art Familienbetrieb. Seit 2015 liegt die Leitung in den Händen von Katharina Wagner, der Urenkelin Richard Wagners.

Adresse Festspielhügel, 95445 Bayreuth, www.bayreuther-festspiele.de/startseite | Literaturtipp Jonathan Carr: Der Wagner-Clan. Geschichte einer deutschen Familie.

38 Die Siegessäule

Historienfries mit Symbolcharakter

»Sie stand auf dem weiten Platz wie das rote Datum auf dem Abreißkalender«, so nahm Walter Benjamin die von der Viktoria gekrönte Siegessäule in seiner Kindheit wahr. Die Siegessäule ist ein Denkmal mit großem Symbolcharakter und bis heute eines der bekanntesten Berliner Monumente.

Errichtet als Nationaldenkmal zur Feier der Einigungskriege, insbesondere des preußischen Sieges im Deutsch-Dänischen Krieg (1864), stand die von Heinrich Strack entworfene Säule ursprünglich am Königsplatz. Bronzereliefs am Historienfries erzählen von siegreichen Schlachten. Schon die Einweihung der 67 Meter hohen Säule erfolgte bewusst am 2. September 1873, also am dritten Jahrestag des Sedantages, der an die französische Kapitulation nach der Schlacht von Sedan erinnert. In Albert Speers Planungen der »Welthauptstadt Germania« spielte die Siegessäule ebenfalls eine wichtige Rolle, und so wurde sie 1939 als Teil der neuen Ost-West-Achse an ihren heutigen Standort, auf den Großen Stern im Tiergarten, versetzt. Kein Wunder, dass nach Kriegsende nicht nur die Franzosen den Abriss des Monuments forderten. Die zum linksextremen Spektrum gehörenden Revolutionären Zellen (RZ) störten sich an der Siegessäule so sehr, dass sie 1991 einen Sprengstoffanschlag verübten, bei dem aber glücklicherweise nur eine Stütze beschädigt wurde.

Für die Berliner war die Siegessäule trotzdem mehr als ein Denkmal. 1984 erschien erstmals ein schwules Stadtmagazin mit dem Titel »Siegessäule«. Und in den Berliner Jahren der Love Parade waren es oft die Bilder der um die Siegessäule tanzenden Raver, die das Erscheinungsbild der Technoparade prägten. Im Juli 2008 hielt der damalige US-Präsidentschaftskandidat Barack Obama vor mehr als 200.000 Zuhörern eine Rede zu seinen außenpolitischen Visionen in Berlin, natürlich vor der imposanten Kulisse der Siegessäule.

Adresse Großer Stern, 10557 Berlin, www.siegessaeule.de | Literaturtipp Walter Benjamin: Berliner Kindheit um neunzehnhundert.

39_Der Reichstag

Ein politisches Symbol

Der Berliner Reichstag ist nicht nur ein Parlamentsgebäude, sondern ein Symbol für die jüngere deutsche Geschichte. Das von 1884 bis 1894 nach den Plänen von Paul Wallot am linken Spreeufer im Stil der Neorenaissance errichtete Bauwerk verkörpert die Wechselhaftigkeit der deutschen politischen Landschaft. Ein bemerkenswerter Moment spielte sich auf dem Westbalkon des Reichstags ab, als am 9. November 1918 der Sozialdemokrat Philipp Scheidemann die Republik ausrief. Nur 15 Jahre später beleuchtete der Reichstagsbrand vom 27. Februar 1933 die Trümmer dieser Republik, auf denen Adolf Hitler seine Schreckensherrschaft begründete. Für den Brand wurde Marinus van der Lubbe, ein niederländischer Kommunist, verantwortlich gemacht und hingerichtet, obwohl berechtigte Zweifel an seiner Alleintäterschaft bestanden.

Der Symbolcharakter des Reichstags zeigte sich auch, als die Sowjetarmee die Ruine zum wichtigsten Eroberungsziel erklärte. Das Hissen der Roten Fahne markierte das Ende des Zweiten Weltkriegs. Während des Kalten Krieges verlief die Berliner Mauer unmittelbar hinter dem Reichstag. Erst die deutsche Wiedervereinigung und der Beschluss, Berlin solle wieder Hauptstadt und Regierungssitz werden, erweckte den Mythos des Reichstags zu neuem Leben.

Im Sommer 1995 umhüllten Christo und Jeanne-Claude das Gebäude und begeisterten Besucher und Presse. Die Verhüllung symbolisierte die Veränderung und Erneuerung, die Deutschland nach der Wiedervereinigung erlebte. Die gläserne Kuppel von Lord Norman Foster, 1999 fertiggestellt, verlieh dem historischen Gebäude eine moderne und futuristische Note. Die Kuppel steht für Transparenz, Offenheit und Einheit und bietet Besuchern einen atemberaubenden Blick über die Stadt. Zuletzt wurde der Reichstag während der Coronapandemie zur Zielscheibe von Hass und Verachtung durch Querdenker und Demokratiegegner, die auf die Treppe des Hauptportals stürmten.

Adresse Platz der Republik, 11011 Berlin | **Öffnungszeiten** Termin buchen unter www.fuehrung-reichstag.de | **Literaturtipp** Michael S. Cullen: Der Reichstag. Symbol deutscher Geschichte.

40 Das Mausoleum

Bismarck und das Reich

Ein Mausoleum ist bekanntlich eine Grabstätte für bedeutende Herrscher, Kaiser und Könige. Und für Bismarck. Otto Fürst von Bismarck war die wohl prägendste Figur der deutschen Geschichte im 19. Jahrhundert. Als Reichskanzler bestimmte er jahrzehntelang die Politik. Nach seinem Tod im Juli 1898 wurde die Idee geboren, ihn in einem neoromanischen Mausoleum über seinem geliebten Schloss in Friedrichsruh beizusetzen, dessen Grundriss dem Mausoleum des Theoderich in Ravenna nachempfunden ist. Otto von Bismarck und seine Frau Johanna ruhen in der Kapelle nebeneinander in zwei Marmorsarkophagen.

Lange Zeit war Otto von Bismarck in Deutschland ein Säulenheiliger – und zwar im wahrsten Sinne des Wortes. Landauf, landab wurden ihm zu Ehren rund 500 Denkmäler errichtet. Das größte steht in Hamburg in Hafennähe und zeigt ihn als hanseatischen Roland. Die Bismarck-Verehrung hielt bis zum Zweiten Weltkrieg an, und selbst die Nationalsozialisten versuchten, ihn für ihre Zwecke zu vereinnahmen. Die Kriegsmarine hat ein Schlachtschiff, die 1941 gesunkene »Bismarck«, nach ihm benannt.

Bis in die Gegenwart scheiden sich an der Person Bismarck die Geister. Er ist eine Projektionsfläche für die Bewertung deutscher Nationalgeschichte. Konservative bewundern seine staatsmännischen Leistungen und seinen Willen zur Macht. Als Reichsgründer hat er den Deutschen 1871 zur staatlichen Einheit verholfen, aber auch den französischen Kriegsgegner im Spiegelsaal von Versailles gedemütigt. Innenpolitisch legte er den Grundstein der modernen Sozialgesetzgebung. Kritiker werfen Bismarck wiederum vor, ein Kriegskanzler und Wegbereiter des deutschen Militarismus gewesen zu sein und die Gründung deutscher Kolonien in Afrika und Asien vorangetrieben zu haben. Nicht zu vergessen: die staatliche Verfolgung von Sozialisten, die der »Eiserne Kanzler« als Reichsfeinde erachtete.

Adresse Am Museum 1, 21521 Aumühle | Öffnungszeiten Sa und So 10–18 Uhr | Literaturtipp Christoph Nonn: Bismarck. Ein Preuße und sein Jahrhundert.

41 Der Schrebergarten

Das Paradies der Kleinbürger

Keine Frage, »Kleinbürger« ist provokativ formuliert, »Kleingärtner« wäre zutreffender. Der Wunsch nach einer eigenen Parzelle im Grünen ist in Deutschland besonders weit verbreitet. Mit Begonienrabatten, Erdbeerbeeten, Obstbäumen und Gemüse kann man sich sein eigenes Paradies schaffen. Andererseits ist nicht jeder kleine Garten ein Schrebergarten. Es gibt ihn nur in der Mehrzahl und unter der Obhut eines Vereins. Ohne Verein kein Schrebergarten. Ohne Satzung, ohne Vorsitzenden, ohne Reglement keine Parzelle. Also doch ein Kleinbürgerparadies?

Landauf, landab gibt es in Deutschland mehr als eine Million Schrebergärten, vor allem am Rande der größeren Städte. Leipzig hat mit 6,2 Kleingärten auf 100 Einwohner die mit Abstand größte Kleingartendichte; in Stuttgart sind es hingegen nur 0,4 von 100 Menschen, die ihre Freizeit in einem Schrebergarten verbringen.

Angesichts dieser Zahlen verwundert es nicht, dass in Leipzig die Keimzelle der Kleingartenbewegung liegt. In der Mitte des 19. Jahrhunderts entstand dort der erste Schreberverein. Seine Gründung basierte auf einem Konzept zur orthopädisch-körperlichen Ertüchtigung für Kinder und Jugendliche, das der Leipziger Arzt Moritz Schreber entwickelte. Was als Spielwiese erdacht war, wurde schnell zu einem Refugium für die gesamte Familie. Die Gärten wurden parzelliert und mit Zäunen abgegrenzt, Lauben und Geräteschuppen errichtet, Obst und Gemüse angebaut. Der Schrebergarten ist für die einen ein Stück vom Garten Eden, für die anderen ist er ein mit Gartenzwergen dekoriertes Symbol deutscher Spießigkeit.

In Leipzig steht die historische Kleingartenanlage »Dr. Schreber« unter Denkmalschutz. Inmitten der Anlage informiert das Deutsche Kleingärtnermuseum samt Museumsgarten über die Schreber-Bewegung. Der namensgebende Arzt Moritz Schreber hat übrigens nie einen Kleingarten besessen.

Adresse Deutsches Kleingärtnermuseum, Aachener Straße 7, 04109 Leipzig | Öffnungszeiten Di–Do 10–16 Uhr, Juni, Juli und Aug. auch Sa und So 10–17 Uhr, www.kleingarten-museum.de | Literaturtipp Karin B. Holmqvist: Krieg im Schrebergarten.

42 Die Villa Hügel

Das größte Einfamilienhaus Deutschlands

Die Blütezeit der Industrialisierung in Deutschland ist geprägt durch Kohleabbau, Hochöfen, Maschinenbau und Eisenbahnen auf der einen Seite sowie geringe Löhne, schlechte Arbeitsbedingungen und den zur Schau gestellten Reichtum der Fabrikanten auf der anderen Seite. Kapitalismus in seiner reinsten Form.

Die Villa Hügel verkörpert den fürstlichen Lebensstil eines führenden Industriebarons. Der Industrielle Alfred Krupp hatte die väterliche Firma zum größten Industrieunternehmen Deutschlands ausgebaut. Der Name Krupp stand für Stahl, Kanonen und Waffengeschäfte. Einhergehend mit seinem wirtschaftlichen Erfolg und seiner wachsenden politischen Bedeutung wünschte sich Alfred Krupp einen repräsentativen Wohnsitz außerhalb des Firmengeländes. Im Essener Stadtteil Bredeney erwarb er ein geeignetes Areal, auf dem von 1870 bis 1873 die Villa Hügel errichtet wurde. Die Pläne entwarf Krupp teilweise selbst, wobei die Villa nicht nur über ein eigenes Gas- und Wasserwerk verfügte, sondern auch über die weltweit erste moderne Warmluftheizung.

Allein die Zahlen sind beeindruckend: Das größte Einfamilienhaus Deutschlands besaß 269 Zimmer und eine Wohnfläche von 8.100 Quadratmetern, umgeben von einem 28 Hektar großen Park. Es gab Gesellschaftsräume, Empfangssalons, eine Bibliothek, einen Festsaal und ein Hallenbad. Bis zu 650 Angestellte, vom Pförtner über den Kammerdiener bis zur Küchenhilfe, hielten den Betrieb am Laufen.

Nach dem Tod des Patriarchen (1887) ließ sein Sohn Friedrich Alfred Krupp die Räumlichkeiten renovieren. Die Villa sollte repräsentativer, aber auch gemütlicher werden. Selbst Kaiser Wilhelm II. kam wiederholt zu Besuch und wohnte in einem speziellen Gästetrakt. Nachdem die Villa Hügel von den Amerikanern beschlagnahmt wurde, erhielt die Familie die Immobilie 1952 zurück und machte sie für die Öffentlichkeit zugänglich.

Adresse Hügel 15, 45133 Essen | Öffnungszeiten Di–So 10–18 Uhr, www.villahuegel.de | Literaturtipp Lothar Gall: Krupp. Der Aufstieg eines Industrieimperiums.

43 Die Völklinger Hütte

Das Industriedenkmal

Das Industriezeitalter war für Deutschland eine prägende Epoche und brachte einen Wandel der Lebens- und Arbeitswelten mit sich. Eisen und Stahl bildeten im 19. und 20. Jahrhundert den Motor der Wirtschaft und legten den Grundstein für den Wohlstand in Deutschland. Während der Hochindustrialisierung im Deutschen Kaiserreich verwandelte sich das stark agrarisch geprägte Land in einen modernen Industriestaat. Diese Transformation führte zu verstärkter Urbanisierung und zur Herausbildung des Industrieproletariats.

Neben der Textilindustrie und dem Bergbau gehörte die Eisen- und Stahlindustrie zu den industriellen Leitbranchen. Es gab in Deutschland mehrere Regionen wie das Ruhrgebiet oder Schlesien, die für diese Phase der Industrialisierung eine große Rolle spielten. Für das Saarland markierte die 1873 als Eisenwerk gegründete Völklinger Hütte einen Meilenstein in der industriellen Entwicklung. Die gigantische Anlage wurde zum Symbol für die aufstrebende Region und prägte ihre Identität als Wirtschaftsstandort. Noch 1965 waren in der Hütte 17.000 Menschen beschäftigt! Doch wenige Jahre später läutete die weltweite Stahlkrise den Niedergang ein, 1986 wurde die Produktion eingestellt.

Als weltweit einziges vollständig erhaltenes Eisenwerk aus der Blütezeit der Industrialisierung wurde die Völklinger Hütte 1994 von der UNESCO zum Weltkulturerbe ernannt. Interessierte Besucher können das Industriedenkmal mit seiner Hochofengruppe erkunden. Die historischen Gebäude, einst erfüllt vom Dröhnen der Maschinen, sind sorgfältig restauriert und zeigen die eindrucksvolle Architektur und die enormen Ausmaße dieser 600.000 Quadratmeter großen Anlage. Noch heute atmet das Areal die Geschichte der Schwerindustrie und gewährt faszinierende Einblicke in die Technologie und die Arbeitsbedingungen vergangener Tage. Zudem gibt es interessante Sonderausstellungen.

Adresse Rathausstraße 75–79, 66333 Völklingen | Öffnungszeiten täglich, April–Okt. 10–19 Uhr, Nov.–März 10–18 Uhr, https://voelklinger-huette.org | Literaturtipp Initiative Völklinger Hütte (Hrsg.): Die Völklinger Hütte. Das Weltkulturerbe in historischen Fotografien.

44 Die Speicherstadt

Das Tor zur Welt

Die Hamburger Speicherstadt ist nicht nur der größte historische Lagerhauskomplex der Welt, sondern ein einzigartiges wilhelminisches Backsteinensemble. Die ab 1883 auf den ehemaligen Elbinseln Kehrwieder und Wandrahm errichtete Speicherstadt verdankt ihre Existenz einer Sondervereinbarung zwischen der Stadt Hamburg und dem Deutschen Reich im Rahmen eines Zollanschlusses. Den Hamburger Kaufleuten wurde ein Freihafengebiet zugesichert, um ihre Waren weiterhin zollfrei lagern und veredeln zu können.

20.000 Menschen mussten umgesiedelt werden, bevor die Lagerhallen auf dem etwa 26 Hektar großen Areal errichtet werden konnten. Auf Millionen Eichenpfählen entstand bis 1927 ein einzigartiges Ensemble roter Backsteinbauten mit detaillierten Verzierungen und dekorativen Elementen im neugotischen Stil. Die Architektur spiegelt nicht nur die wirtschaftliche Blütezeit, sondern auch den Stolz und die Tradition der Hamburger Kaufleute wider.

Die Speicherstadt diente als Lager- und Logistikzentrum für kostbare Waren wie Kaffee, Tee, Kakao, Gewürze oder auch Teppiche. Ihr Bau ermöglichte es, Güter effizient zu lagern und zu transportieren, und festigte Hamburgs Position als führender Handelsplatz. Die Lage an der Elbe ermöglichte einen direkten Zugang zu den Schiffen, die aus aller Welt kamen.

Heute präsentiert sich die Speicherstadt als ein historisches Wahrzeichen und lebendiges Viertel mit Boutiquen, modernen Büros sowie Museen wie dem Deutschen Zollmuseum und dem Speicherstadtmuseum. Die roten Backsteinfassaden, die sich mit ihren Giebeln und Türmen im Wasser spiegeln, sowie die Brücken über charmante Kanäle verleihen der Speicherstadt eine einzigartige Atmosphäre. Im Jahr 2015 wurde das Ensemble zusammen mit dem benachbarten Kontorhausviertel in die Liste des UNESCO-Weltkulturerbes aufgenommen, um die kulturelle und architektonische Bedeutung hervorzuheben.

Adresse Speicherstadtmuseum, Am Sandtorkai 36, 20457 Hamburg | Öffnungszeiten März–Okt. Mo–Fr 10–17 Uhr, Sa und So 10–18 Uhr, Nov.–Feb. täglich 10–17 Uhr, https://speicherstadtmuseum.de | Literaturtipp Thomas Hampel, Dirk Meyhöfer: 125 Jahre Speicherstadt. Hamburgs faszinierendes Backsteindenkmal von der Kaiserzeit bis heute.

45 Die Künstlerkolonie

Weltdorf im Teufelsmoor

Worpswede ist die bekannteste Künstlerkolonie Deutschlands und markiert einen bedeutenden Abschnitt in der deutschen Kunstgeschichte. Entstanden ist die kreative Gemeinschaft gegen Ende des 19. Jahrhunderts im malerischen Teufelsmoor in Niedersachsen, rund 30 Kilometer nordöstlich von Bremen. Auf der Suche nach alternativen künstlerischen Ausdrucksformen fanden Künstler wie Fritz Mackensen, Heinrich Vogeler und Paula Modersohn-Becker an diesem idyllischen Ort zusammen.

Die Worpsweder Künstler strebten nach einer Abkehr von den konventionellen Kunstauffassungen ihrer Zeit. Inspiriert von der Natur, wollten sie das einfache Landleben einfangen. Das Ergebnis war ein einzigartiger Stil, in ihren Werken spiegelten sich nicht nur die Farben und Formen der umliegenden Landschaft, sondern auch die tiefe Verbindung zwischen den Künstlern und ihrem Lebensumfeld.

Schnell wurde Worpswede zu einem Anziehungspunkt für Künstler unterschiedlicher Sparten. Nicht nur Maler, sondern auch Musiker und Schriftsteller wie Rainer Maria Rilke ließen sich hier inspirieren und strebten nach einer Lebensweise, die von Gemeinschaftssinn und Freiheit von städtischer Hektik geprägt sein sollte.

Paula Modersohn-Becker, eine der herausragenden Persönlichkeiten der Künstlerkolonie, hinterließ ein bleibendes Erbe mit ihren expressiven Porträts und Bildern vom einfachen Landleben. Ihr Fokus auf Selbstporträts brachte einen innovativen und selbstbewussten Ausdruck in die Kunst ein, der in der NS-Zeit als entartet galt.

Obwohl die Künstlerkolonie nicht ohne Kontroversen auskam und sich die Atmosphäre im Laufe der Zeit veränderte, hatte sie als Experimentierfeld für neue künstlerische Ideen und Lebensstile einen großen Einfluss auf spätere Künstlergenerationen. Worpswede gilt als Symbol für die Suche nach kreativer Freiheit und der Verbindung von Kunst und Natur.

Adresse 27726 Worpswede, https://worpswede.de | Literaturtipp Frauke Berchtig: Künstlerkolonie Worpswede.

46 Das Physikalische Institut

Die Entdeckung der Röntgenstrahlen

Am 8. November 1895 kam es zu einer Entdeckung, die die Welt nachhaltig verändern sollte: Wilhelm Conrad Röntgen, Professor der Physik an der Universität Würzburg, arbeitete noch spätabends in seinem Labor. Als er mit einer Entladungsröhre experimentierte, die Kathodenstrahlen produzierte, bemerkte er ein ihm unbekanntes Licht. Mehrfach wiederholte er das Experiment, bis er sich sicher war, eine neue Art von Strahlen entdeckt zu haben, die er X-Strahlen nannte. Es war die Geburtsstunde der Radiologie.

Die Strahlen, die nach ihrem Entdecker auch als Röntgenstrahlen bezeichnet werden, revolutionierten die Medizin, indem sie neue Möglichkeiten für Diagnostik und Therapie des menschlichen Körpers eröffneten. Röntgen (1845–1923) demonstrierte einen Anwendungsbereich durch eine Aufnahme der Hand seiner Frau Bertha, auf der ihre Knochen und der Ehering deutlich zu erkennen sind. Diese Aufnahme gilt als das berühmteste Röntgenbild der Welt.

Röntgenstrahlen sind sehr energiereiche elektromagnetische Wellen, die im elektromagnetischen Spektrum oberhalb des ultravioletten Lichts liegen. Diese Strahlen haben die Fähigkeit, Materie zu durchdringen. Neben der Medizin werden sie in der Industrie bei der Qualitätssicherung und Materialprüfung eingesetzt, während sie in der Forschung dazu dienen, Materialstrukturen auf atomarer Ebene zu analysieren. Im Umgang mit Röntgenstrahlen ist der Strahlenschutz von höchster Bedeutung, da sie Veränderungen im lebenden Organismus hervorrufen und zu Krebserkrankungen führen können.

Wilhelm Conrad Röntgen wurde 1901 für seine Entdeckung mit dem Nobelpreis für Physik ausgezeichnet und gilt bis heute als einer der weltweit renommiertesten Naturwissenschaftler und Mitbegründer der Medizintechnik in Deutschland. Das Originallabor kann noch immer in der Röntgen-Gedächtnisstätte besichtigt werden und bietet Einblicke in die experimentelle Physik.

Adresse Röntgen-Gedächtnisstätte, Röntgenring 8, 97070 Würzburg | **Öffnungszeiten** Mo–Sa 8–14 Uhr, https://wilhelmconradroentgen.de | **Literaturtipp** Gerd Rosenbusch und Annemarie de Knecht-van Eekelen: Wilhelm Conrad Röntgen. Die Geburt der Radiologie.

47 Die Gartenstadt

Selbstversorgung im Grünen

Durch die Industrialisierung und das damit verbundene rasante Bevölkerungswachstum in den europäischen Großstädten verschlechterten sich die Wohn- und Lebensbedingungen erheblich. Hohe Grundstückspreise, schwierige Lebensmittelversorgung und ein Mangel an Grünflächen prägten das Stadtbild. Getrieben von dem Wunsch, neue Wohnformen zu entwickeln, entstand an der Wende zum 20. Jahrhundert in England und in Deutschland zeitgleich die Idee einer Gartenstadt als Symbiose aus städtischem und ländlichem Leben. Eine Gartenstadt sollte autark sein und ihren Bewohnern die Möglichkeit bieten, sich selbst mit Obst und Gemüse zu versorgen.

1902 wurde in Berlin die Deutsche Gartenstadtgesellschaft gegründet, die von sozialreformerischen Ideen getragen wurde und darauf abzielte, Bodenspekulationen einzudämmen. Es sollte ein neuer Stadttypus entwickelt werden, basierend auf selbstverwalteten genossenschaftlichen Besitzverhältnissen. In den folgenden Jahren entstanden in verschiedenen deutschen Regionen die ersten Gartenstädte, so die Berliner Gartenstadt Falkenberg, die Gartenstadt Hohenhagen in Hagen, die Gartenstadt Wandsbek bei Hamburg oder die Margarethenhöhe in Essen. Nach dem Ersten Weltkrieg wurde das Konzept jedoch aufgeweicht, die Gartenstadt wurde zur Gartenvorstadt, einer Schlafstadt für begüterte Städter mit vielen Grünflächen. Die bekannteste Gartenstadt war Hellerau, heute ein Stadtteil von Dresden. Ihre Gründung 1908 geht auf eine Initiative des Möbelfabrikanten Karl Schmidt zurück. Unter Beteiligung renommierter Architekten wie Richard Riemerschmid entstand eine beeindruckende Vielfalt baulicher Strukturen, von kleinen standardisierten Reihenhäusern bis zu frei stehenden Landhäusern. Hellerau genoss bald den Ruf einer Künstlerkolonie, nicht zuletzt aufgrund des markanten Festspielhauses, das von Heinrich Tessenow als »Bildungsanstalt für Musik und Rhythmus« entworfen wurde.

Adresse 01109 Dresden-Hellerau | Literaturtipp Hans-Jürgen Sarfert: Hellerau. Die Gartenstadt und Künstlerkolonie.

48 Die Jugendherberge

Im Stockbettenparadies

»Eine Jugendherberge ist ein Beherbergungsbetrieb, in dem in erster Linie junge Leute zu meist kurzfristigem Aufenthalt aufgenommen und in dem Speisen und Getränke nur an Hausgäste abgegeben werden. Jugendherbergen bieten Programme und Aktivitäten für zwanglose pädagogische oder der Erholung dienende Zwecke an« – so nüchtern lautet die Definition des Deutschen Tourismusverbandes. Dabei sind Jugendherbergen weit mehr als ein schlichter Beherbergungsbetrieb. Für Generationen von Schülern ist ein Jugendherbergsaufenthalt untrennbar mit dem Erlebnis Klassenfahrt verbunden, unbeschwerte Tage in historischen Gemäuern, Stockbetten im Schlafsaal und Früchtetee inklusive.

Als der Lehrer Richard Schirrmann 1909 bei einer Wanderung mit seinen Schülern in ein Unwetter geriet, entwickelte er die Idee zur Gründung eines landesweiten Netzwerks einfacher Herbergen. In drei Schulen richtete man Ferienherbergen ein. Schließlich wurde in der Burg Altena im Sauerland die erste dauerhafte Jugendherberge eröffnet, die im Originalzustand besichtigt werden kann. Schirrmann übernahm die Aufgabe als erster Herbergsvater, obwohl er weiter als Lehrer unterrichtete.

Die deutsche Jugendherbergsidee machte schnell Schule und wurde von vielen anderen Ländern aufgegriffen. So entstanden in England die Youth Hostels, in Frankreich die Auberges de Jeunesse, und 1932 gründete sich in Amsterdam die »Internationale Arbeitsgemeinschaft für Jugendherbergen«. Richard Schirrmann wurde zum ersten Präsidenten gewählt.

Heute gibt es von Sylt bis Garmisch-Partenkirchen über 400 Jugendherbergen in Deutschland, jährlich werden mehr als acht Millionen Übernachtungen gezählt. Im Laufe der Zeit haben sich die Herbergen verändert. Statt Schlafsälen gibt es moderne Familienzimmer. Die Nachfrage nach günstigen Unterkünften ist ungebrochen groß, auch wenn in den Großstädten hippe Hostels eine große Konkurrenz sind.

Adresse Burg Altena, Fritz-Thomée-Straße 80, 58762 Altena | Öffnungszeiten Di–Fr 9.30–17 Uhr, Sa und So 11–18 Uhr, www.burg-altena.de | Literaturtipp Jürgen Reulecke und Barbara Stambolis: 100 Jahre Jugendherbergen 1909–2009. Anfänge – Wandlungen – Rück- und Ausblicke.

49 Das Schlachtfeld

Gasmasken, Gräben und Gräuel

Der Erste Weltkrieg mit seinen 17 Millionen Todesopfern zählt zu den verlustreichsten Kriegen der Geschichte. Vor allem in Flandern, an der Marne und an der Somme standen sich ab 1914 die Soldaten in einem jahrelangen Stellungskrieg gegenüber: auf der einen Seite hauptsächlich das deutsche Heer, auf der anderen Seite die alliierten Truppen aus Frankreich und Großbritannien mit ihren Verbündeten. Mehr als vier Jahre lang wurden die Schlachtfelder regelrecht mit Blut getränkt.

Die Schlacht von Verdun war nicht die größte, doch gilt sie als das Symbol für einen zermürbenden Stellungskrieg und das sinnlose Sterben im Ersten Weltkrieg. Mit einem martialischen Aufgebot an Menschen und Material wollte das deutsche Militär am 21. Februar 1916 eine Kriegsentscheidung erzwingen und die Festung von Verdun erobern. Doch schon nach wenigen Tagen geriet der deutsche Vorstoß ins Stocken. Schützengräben, die sich bei Regen in Schlammgruben verwandelten, wurden ausgehoben. Für unbedeutsame Geländegewinne entlang einer kleinen Frontlinie wurden Tausende junger Soldaten verheizt. Tagelanges Trommelfeuer sollte den Gegner zermürben und seine Kampfkraft schwächen. Giftgasgranaten gingen auf engstem Raum nieder. Die Toten konnten kaum beerdigt werden, der Verwesungsgeruch war entsetzlich. Ein nicht endendes Inferno mit apokalyptischen Ausmaßen. Schätzungen zufolge verloren während der zehnmonatigen Kampfhandlungen bis zum 19. Dezember 1916 rund 700.000 Soldaten ihr Leben in Verdun.

Das Grauen vor Ort muss unvorstellbar gewesen sein. Diejenigen, die die »Hölle von Verdun« überlebten, kehrten psychisch stark angeschlagen, verstümmelt und oft mit schweren Verletzungen zurück – eine verlorene Generation. Zurück blieb eine menschenleere Kraterlandschaft, von den Wäldern waren nur noch geborstene Baumstümpfe übrig, die Böden waren durch Granaten dauerhaft vergiftet.

Adresse Mémorial de Verdun, 1, Avenue du Corps Européen, Fleury-devant-Douaumont, https://memorial-verdun.fr/de | **Literaturtipp** Erich Maria Remarque: Im Westen nichts Neues.

50 Der Landwehrkanal

Ermordung von Rosa Luxemburg und Karl Liebknecht

Nach Ende des Ersten Weltkriegs war die politische Situation in Deutschland hochgradig angespannt. Verschiedene politische Lager standen sich unversöhnlich und gewaltbereit gegenüber. Am 5. Januar 1919 wurde ein Generalstreik ausgerufen, begleitet von Forderungen nach dem Sturz der Regierung. Dieser »Spartakusaufstand« wurde brutal niedergeschlagen, Gefangene erschossen. Rosa Luxemburg und Karl Liebknecht, die führenden Mitglieder der wenige Tage zuvor gegründeten Kommunistischen Partei Deutschlands (KPD), hielten sich im Berliner Stadtteil Wilmersdorf versteckt.

Aufgrund eines Hinweises wurden Liebknecht und Luxemburg am Abend des 15. Januar ohne rechtliche Grundlage von einer Bürgerwehr festgenommen und ins Eden-Hotel gebracht, das als Hauptquartier der Garde-Kavallerie-Schützen-Division fungierte. Im Hotel wurden beide auf Anordnung von Hauptmann Waldemar Pabst, einem Generalstabsoffizier, verhört und misshandelt. Anschließend brachte man Liebknecht und Luxemburg einzeln aus dem Hotel und ließ sie ermorden. Der Leichnam von Rosa Luxemburg wurde in den Landwehrkanal geworfen und erst Monate später gefunden. Die feigen Täter – Pabst sprach von einer »patriotischen Tat« – wurden nie zur Rechenschaft gezogen.

Die Ermordung von Rosa Luxemburg und Karl Liebknecht gehört zu den einschneidendsten Ereignissen der Weimarer Republik und lastet bis heute wie ein dunkler Schatten auf der deutschen Geschichte. Die Mordtat war aller Wahrscheinlichkeit nach mit der SPD-Führung in Person von Reichswehrminister Gustav Noske abgesprochen, eventuell hatte auch Friedrich Ebert Kenntnis von den Plänen. Die Spaltung der Arbeiterbewegung verschärfte sich aufgrund dieser Ereignisse, was wiederum den Aufstieg der NSDAP begünstigte. Es folgten weitere politische Morde, die die Weimarer Republik erschütterten, so an Kurt Eisner, Gustav Landauer, Matthias Erzberger und Walter Rathenau.

Adresse Lichtensteinbrücke, 10787 Berlin | Literaturtipp Klaus Gietinger: Eine Leiche im Landwehrkanal. Die Ermordung Rosa Luxemburgs.

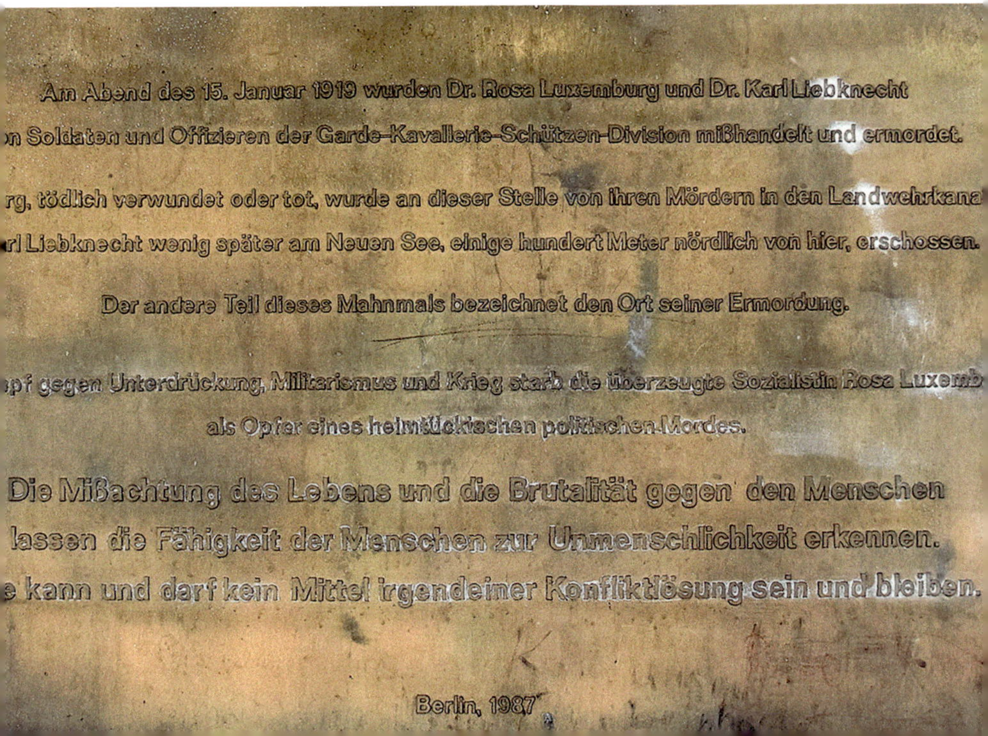

51 Das Bauhaus

Aufbruch in die Moderne

Der Name Bauhaus steht für avantgardistische, rationale und funktionale Entwürfe, welche die Architektur und das Designverständnis bis in die Gegenwart maßgeblich beeinflusst haben. Als das Bauhaus im Jahre 1919 in Weimar von Walter Gropius als Kunstschule gegründet wurde, gehörte es zu den zahlreichen Lebensreformbewegungen, die damals nach neuen Orientierungen suchten. Als Gegenentwurf zum Historismus hatte das Bauhaus eine ganz eigene Formensprache und wollte das Kunsthandwerk wiederbeleben, wobei sich der Name an die Bauhütten mittelalterlicher Kathedralen anlehnte, in denen Kunst und Handwerk eine untrennbare Einheit bildeten.

Von Anfang an gab es jedoch konservative Kritiker, die die radikale Formenstrenge und die Hinwendung zur Funktionalität der Bauhausbewegung vehement ablehnten. Nach der Landtagswahl in Thüringen 1924, bei der rechte Kräfte an die Macht kamen, geriet die Kunstschule unter politischen Druck und verlor ihre finanzielle Unterstützung. Daraufhin entschied sich der Meisterrat 1925 für einen Umzug nach Sachsen-Anhalt in das Städtchen Dessau.

Als architektonisches Symbol für diesen Neuanfang gilt das von Walter Gropius entworfene Schulgebäude. Die Inneneinrichtung der Zukunftswerkstatt wurde von renommierten Meistern wie Marcel Breuer, Max Krajewski oder Marianne Brandt gestaltet. Weitere namhafte Künstler, die am Bauhaus lehrten, waren Lyonel Feininger, Oskar Schlemmer, Paul Klee und Wassily Kandinsky.

Nachdem die NSDAP die Gemeindewahl in Dessau gewonnen hatte, wurde die Kunsthochschule 1932 geschlossen. Nach einem kurzen Zwischenspiel in Berlin löste sich das Bauhaus auf, viele seiner Protagonisten gingen ins Exil. Doch die Bauhausidee lebte weiter und revolutionierte die Ästhetik der Wohnkultur und Architektur weit über Deutschland hinaus. Im Jahre 1996 wurden das Dessauer Bauhaus und die Meisterhäuser von der UNESCO zum Weltkulturerbe ernannt.

Adresse Bauhausgebäude, Gropiusallee 38, 06846 Dessau | **Öffnungszeiten** März–Okt. täglich 10–17 Uhr, Nov.–Feb. Di–So 10–17 Uhr, https://bauhaus-dessau.de | **Literaturtipp** Magdalena Droste: Bauhaus.

52 Die Waldorfschule

Kreatives Lernen oder esoterischer Erkenntnisweg?

Die Geburtsstunde der Waldorfschulen schlug in Stuttgart, als Emil Molts, der Direktor der Waldorf-Astoria-Zigarettenfabrik, Rudolf Steiner bat, die Kinder der bei ihm beschäftigten Arbeiter pädagogisch zu betreuen. Am 7. September 1919 wurde die erste Schule gegründet, deren Name sich von der Zigarettenfabrik ableitete. Steiners pädagogisches Konzept, das die ganzheitliche Entwicklung von Kindern betont und auf eine »dreigliedrige« Pädagogik setzt, die den individuellen Bedürfnissen der Schüler gerecht werden soll, ist bis heute umstritten.

Im Zentrum der Kritik steht die Anthroposophie, Steiners okkulte Weltanschauung, die den Grundstein für seine »Erziehungskunst« liefert. Die Waldorfpädagogik ist ein esoterischer Erkenntnisweg, der durch »geistige Schau« gewonnen wird. Die Berufung auf »übersinnliches Wissen« ist noch heute ein wesentliches Element anthroposophischer Identität. In ihrer Konzeption und Praxis ist die Waldorfschule an die Vorgaben Steiners gebunden, so hielt er Kenntnisse seiner Temperamentenlehre für ebenso unabdingbar wie die Bedeutung der »Eurythmie«, wobei Buchstaben und Haltungen in Bewegung umgesetzt werden.

Ein weiterer Kritikpunkt betrifft Steiners rassistische und antisemitische Äußerungen, die in seinen Schriften dokumentiert sind. Diese kontroversen Ansichten werfen ernsthafte Fragen zur Eignung seiner Philosophie für den Bildungsbereich auf. Obwohl einige Waldorfschulen versucht haben, sich von Steiners rassistischen Ideen zu distanzieren, bleibt die Verbindung zwischen seiner Anthroposophie und dem pädagogischen Ansatz bestehen.

Trotz der Kritikpunkte schätzen viele Anhänger der Waldorfpädagogik den Fokus auf kreatives Lernen, handwerkliche Fähigkeiten, individuelle Förderung und verminderten Leistungsdruck. Bis heute gibt es weltweit rund 1.200 Waldorfschulen, mehr als ein Fünftel davon befindet sich in Deutschland.

Adresse Stammhaus der Waldorf-Astoria-Zigarettenfabrik, Hackstraße 11, 70190 Stuttgart-Stöckach | **Literaturtipp** André Sebastiani: Anthroposophie. Eine kurze Kritik.

53 Die AVUS

Die Deutschen und ihre Autobahn

Der Slogan »Freie Fahrt für freie Bürger!«, den der ADAC auf dem Höhepunkt der Ölkrise gegen den 1973 gestarteten Tempo-100-Großversuch verbreitete, wird noch heute von PS-begeisterten Autofreunden als Schlachtruf verwendet, um gegen eine Geschwindigkeitsbegrenzung auf deutschen Autobahnen zu protestieren.

Das besondere Verhältnis der Deutschen zu ihren Autobahnen begann 1921 in Berlin mit der AVUS. Diese »Automobil-Verkehrs- und Übungsstraße« wurde im Südwesten Berlins zwischen Funkturm und Grunewald angelegt und war die weltweit erste Straße, die ausschließlich für den Autoverkehr entstand. Mit einer Länge von 19 Kilometern wurde sie als gebührenpflichtige Renn- und Teststrecke sowie für Autorennen wie den »Großen Preis von Deutschland« genutzt. Obwohl die AVUS erst ab 1940 als Zubringerstraße und später als nördliches Teilstück der A 115 diente, wird sie als Wegbereiterin der deutschen Autobahn betrachtet. Die 1932 eröffnete »Kraftwagenstraße« zwischen Köln und Bonn, heute als A 555 bekannt, gilt als erste öffentliche Autobahn Deutschlands.

Mit einer Länge von über 13.000 Kilometern verfügt Deutschland heute über das viertlängste Autobahn-Straßennetz der Welt. Eine Besonderheit ist, dass auf mehr als zwei Drittel davon nur eine Richtgeschwindigkeit von 130 Kilometern und kein allgemeines Tempolimit gilt, obwohl zahlreiche Studien belegen, dass eine Geschwindigkeitsbegrenzung die Zahl der Verkehrstoten verringern, Staus vermeiden und die Umweltbelastung reduzieren würde. So wie die Amerikaner an ihrem einzigartigen Waffenrecht festhalten, so kämpfen die PS-verliebten Deutschen mit ihrer mächtigen Autolobby gegen ein Tempolimit. Weltweit gibt es nur eine Handvoll Länder ohne Geschwindigkeitsbegrenzung. Dazu gehören Afghanistan, Bhutan, Burundi, Haiti, Mauretanien, Nordkorea und selbstverständlich Deutschland.

Adresse A 115 im Südosten Berlins | Literaturtipp Ulf Schulz, Sven Wedemeyer: AVUS 100 – Ein rasantes Jahrhundert.

54 Die Königsallee

Die Ermordung von Walther Rathenau

Der 24. Juni 1922 war ein warmer Tag. Der deutsche Außenminister Walther Rathenau stieg am späten Vormittag in den Fond seines Cabriolets, um ins Auswärtige Amt zu fahren. Dann ging alles ganz schnell: Sein Auto wurde kurz vor einer Kreuzung in der Königsallee von einem Mercedes-Tourenwagen abgedrängt, in dem drei Mitglieder der rechtsradikalen Organisation Consul saßen. Sofort feuerten sie mit einer Maschinenpistole und warfen eine Handgranate in Rathenaus Auto. Der von fünf Schüssen getroffene Rathenau verstarb wenige Minuten später, die Attentäter flüchteten.

Der feige Mordanschlag kam nicht ohne Vorankündigung. Walther Rathenau war Industrieller, Schriftsteller und Sohn des AEG-Gründers sowie einer der charismatischsten Politiker der Weimarer Republik. Als er am 10. Februar 1922 zum deutschen Außenminister ernannt wurde, tobte das nationalistische und antisemitische Lager. Für die Deutschnationalen war der Jude Rathenau ein »Kandidat des Auslands«. Das NS-Parteiblatt »Völkischer Beobachter« rief zur Lynchjustiz auf und forderte unverhohlen, Rathenau müsse »mit einem festen Strick Bekanntschaft machen«. Und Alfred Roth, der führende Kopf des Deutschnationalen Handlungsgehilfenverbandes und des Deutschvölkischen Schutz- und Trutzbundes, dichtete: »Auch Rathenau, der Walther, erreicht kein hohes Alter, knallt ab den Walther Rathenau, die gottverfluchte Judensau!«

Die Bevölkerung reagierte erschüttert, aber auch hilflos angesichts des brutalen Attentats. Bereits in den Monaten vor Rathenaus Ermordung hatte es Anschläge auf die Politiker Matthias Erzberger und Philipp Scheidemann gegeben. Antisemitische und deutschnationale Organisationen wollten die Republik destabilisieren und einen Bürgerkrieg entfachen. Der Hetzer Alfred Roth wurde 1924 in den Reichstag gewählt, die Republik überstand die Erschütterungen, um zehn Jahre später zu scheitern.

Adresse 14193 Berlin-Grunewald | Literaturtipp Lothar Gall: Walther Rathenau. Portrait einer Epoche.

55 Das Institut für Sexualwissenschaft

Berlins Drittes Geschlecht

Die Roaring Twenties in Berlin gelten als goldenes Zeitalter für Mode und Musik, als wildes Jahrzehnt des Aufbruchs und der Freizügigkeit mit lasziven Tänzen und einer lockeren Sexualmoral. Insbesondere die gleichgeschlechtliche Liebe profitierte von diesem gesellschaftlichen Wandel. In Berlin gab es viele Lokale für ein homosexuelles Publikum beiderlei Geschlechts, darunter so legendäre Adressen wie das Eldorado, das Kleist-Kasino, den Toppkeller oder das Dorian Gray.

Diese Epoche ist eng verbunden mit dem Namen Magnus Hirschfeld und dem von ihm 1919 gegründeten »Institut für Sexualwissenschaft«. Der 1868 geborene Arzt hatte zu Beginn des 20. Jahrhunderts zahlreiche Aufsätze und Bücher zu dem Themenbereich publiziert, sehr populär war sein Buch »Berlins Drittes Geschlecht«. Hirschfeld prägte 1910 den Begriff »Transvestit« und beschrieb damit »alle Menschen, die, gleich aus welchen Gründen, freiwillig Kleidung tragen, die üblicherweise von dem Geschlecht, dem sie körperlich zugeordnet sind, nicht getragen werden; und zwar sowohl Männer als auch Frauen«.

Das »Institut für Sexualwissenschaft« am Berliner Tiergarten sollte die wissenschaftliche Erforschung des Sexuallebens fördern und einen Beitrag zur Aufklärung leisten. Es bot Beratungs- und Therapieangebote bei sexuellen Problemen, Informationen zur Empfängnisverhütung und dem Schutz vor Geschlechtskrankheiten, Ärzte wurden fortgebildet. Die umfangreiche Institutsbibliothek diente als Archiv für vielfältige Sammlungen.

Es verwundert nicht, dass das Institut den Nationalsozialisten ein Dorn im Auge war. Am 6. Mai 1933 wurde die Forschungsstätte geplündert und geschlossen, Teile der Bibliothek wurden auf dem Berliner Opernplatz am 10. Mai verbrannt. Magnus Hirschfeld war schon zuvor ins Exil gegangen und starb 1935 in Nizza.

Adresse Gedenksäule für das Institut für Sexualwissenschaft im Tiergarten, Bettina-von-Arnim-Ufer, 10557 Berlin | Literaturtipp Rainer Herrn: Der Liebe und dem Leid. Das Institut für Sexualwissenschaft 1919–1933.

56 Das Rathaus

Erste NSDAP-Mehrheit in Deutschland

Es war am 18. Januar 1931 in Coburg, und zwar am Rathaus, als anlässlich des 60. Jahrestages der Gründung des zweiten deutschen Kaiserreiches erstmals in Deutschland eine Hakenkreuzfahne an einem öffentlichen Gebäude gehisst wurde.

Letztlich war es kein Zufall, dass dies in Coburg geschah, denn in der oberfränkischen Stadt wehte schon früh ein nationaler Geist. Die Stadt wurde 1859 zum Sitz des Deutschen Nationalvereins ernannt. Ein Jahr später fand in Coburg das erste Deutsche Turnfest statt, bei dem in der Reithalle am Schlossplatz die Deutsche Turnerschaft gegründet wurde, zwei Jahre später der Deutsche Sängerbund. Zudem trafen sich seit 1868 die Akademischen Landsmannschaften in Coburg. Im Oktober 1922 fand dann der Deutsche Tag in Coburg statt, zu dem aus München Adolf Hitler in einem Sonderzug mit mehr als 600 SA-Begleitern anreiste.

Fortan entwickelte sich Coburg zu einer frühen Hochburg des Nationalsozialismus. Bereits am 23. Juni 1929 gelang es der NSDAP, zum ersten Mal in Deutschland die absolute Mehrheit der Stadtratssitze zu gewinnen. Mit der Einführung des Freiwilligen Arbeitsdienstes wurde in Coburg ein Vorläufer des späteren Reichsarbeitsdienstes geschaffen. Doch damit nicht genug: Am 26. Februar 1932 erklärte Coburg Adolf Hitler als erste deutsche Stadt zum Ehrenbürger!

Der Coburger NSDAP-Funktionär Franz Schwede tat sich unter seinen Amtskollegen nach der Machtübernahme der Nazis in besonderer Weise hervor, indem er die 40 führenden Juden der Stadt im Rathaus mit dem Lederriemen krankenhausreif schlagen und erst auf höhere Weisung wieder gehen ließ. Bei so viel Eifer verwundert es nicht, dass Schwede alsbald zum »Oberbürgermeister« ernannt wurde. Als Stadtoberhaupt ersetzte er das historische Stadtwappen Coburgs mit dem aus »arischer« Sicht bedenklichen Mohrenkopf durch ein Schwert mit Hakenkreuz im Knauf.

Adresse Markt 10, 96450 Coburg | Literaturtipp Joachim Albrecht: Die Avantgarde des »Dritten Reiches«. Die Coburger NSDAP während der Weimarer Republik 1922–1933.

57 Der Elefant

Die Schattenseiten des deutschen Kolonialismus

»Am deutschen Wesen mag die Welt genesen« – dieses politische Schlagwort, das auf ein Gedicht von Emanuel Geibel zurückgeht, beschreibt den deutschen Kolonialismus in treffender Weise. Dem Beispiel anderer europäischer Nationen wie England, Frankreich oder Belgien folgend, versuchte auch Deutschland, seinen politischen Einfluss zu erweitern und neue Absatzmärkte durch den Erwerb von Kolonien zu erschließen. Die Kolonialmächte teilten die Welt unter sich auf, und Deutschland sicherte sich seit dem letzten Viertel des 19. Jahrhunderts die Herrschaft über Samoa, Teile Neuguineas, Togo, Kamerun, Deutsch-Ostafrika und Deutsch-Südwestafrika.

Das Leben in den deutschen Kolonien war geprägt von Rassismus, Missionierung und wirtschaftlicher Ausbeutung. Die indigene Bevölkerung wurde teilweise unter Gewaltanwendung zur Arbeit gezwungen. Zu den größten Verbrechen gehörten der Völkermord an den Herero und Nama in Südwestafrika (1904/05) sowie die Niederschlagung des Maji-Maji-Aufstands in Ostafrika, bei dem zwischen 1905 und 1907 bis zu 300.000 Menschen ums Leben kamen. Infolge des Ersten Weltkriegs verzichtete Deutschland 1919 im Versailler Vertrag auf sein überseeisches Kolonialreich. Damit endete offiziell die deutsche Kolonialgeschichte, was allerdings von einem Großteil der deutschen Bevölkerung bedauert wurde. Im Jahr 1932 wurde sogar ein »Reichskolonialehrendenkmal« in Bremen eingeweiht. Es handelt sich um ein zehn Meter hohes Monument aus dunkelrotem Klinkerstein in Form eines Elefanten. In der Krypta befand sich ein Buch, das die 1.490 Namen aller in den Kolonien gefallenen Soldaten verzeichnete.

Im Jahr 1989 entschied die Bremer Bürgerschaft, das Monument, das im heutigen Nelson-Mandela-Park steht, zum »Antikolonialdenkmal« umzuwidmen. Die Krypta wurde geräumt, das Totenbuch wird seither im Bremer Staatsarchiv verwahrt.

Adresse Reichskolonialehrendenkmal, Gustav-Deetjen-Allee, 28209 Bremen | Literaturtipp Eva-Maria Schnurr und Frank Patalong: Deutschland, deine Kolonien. Geschichte und Gegenwart einer verdrängten Zeit.

58 Das Reichsparteitagsgelände

Worte aus Stein

Die Nürnberger Reichsparteitage waren ein effektvolles Szenario aus Marschieren, Strammstehen und Jubelorgien, eingerahmt von Fahnen, Fackelzügen und Lichteffekten; sie stellten die wichtigste öffentliche Machtdemonstration des nationalsozialistischen Regimes dar. Aus kleinen Anfängen heraus entwickelten sich die Parteitage der NSDAP zu Massenveranstaltungen, die von mehr als 750.000 Teilnehmern besucht wurden. Nach dem Willen Adolf Hitlers sollte Nürnberg von 1933 an »für alle Zeiten« die »Stadt der Reichsparteitage« sein.

Nürnberg wurde mit dieser »Ernennung« zu einem Symbol für Nazideutschland. Es war folglich keine Überraschung, dass die Alliierten, insbesondere die Amerikaner, Nürnberg als Schauplatz für die berühmten »Nürnberger Prozesse« wählten, die vor dem Internationalen Militärgerichtshof abgehalten wurden.

Noch heute erheben sich im Südosten von Nürnberg die bröckelnden Reste des ehemaligen Reichsparteitagsgeländes. »Worte aus Stein« hatte sie Albert Speer, der Architekt der Anlage, genannt. Zu den eindrucksvollsten Hinterlassenschaften gehören die für Aufmärsche geplante Große Straße, das von Türmen umgebene Zeppelinfeld mit seiner 350 Meter langen Haupttribüne sowie der Torso der Kongresshalle. Die Form des monumentalen Bauwerks sollte bewusst an sein antikes Vorbild erinnern, die Ausmaße der Kongresshalle übertreffen sogar die des Kolosseums in Rom. Mit einer imposanten Kapazität von bis zu 60.000 Menschen wäre sie zur damaligen Zeit die weltweit größte Halle gewesen, mit Abmessungen von 265 mal 275 Metern.

Der Nordflügel der Kongresshalle beherbergt heute das Dokumentationszentrum Reichsparteitagsgelände mit seiner Dauerausstellung »Faszination und Gewalt«, die als Musterbeispiel für den Umgang mit der deutschen NS-Geschichte gelobt wird.

Adresse Doku-Zentrum, Bayernstraße 110, 90478 Nürnberg | Öffnungszeiten täglich 10–18 Uhr, Umbaumaßnahmen, Informationen unter https://museen.nuernberg.de/dokuzentrum | Literaturtipp Steffen Radlmaier und Siegfried Zelnhefer: Nürnberg und die Spuren des Nationalsozialismus.

59 Das Volkswagenwerk

Eine Stadt für das Auto

Wie kaum ein anderes industrielles Massenprodukt veränderte das Automobil den Alltag der Menschen im 20. Jahrhundert. Für die Zeitgenossen stand außer Frage, dass die Zukunft dem motorisierten Individualverkehr gehörte. Während es anfangs weltweit über 1.000 Unternehmen gab, die Automobile produzierten, kam es schon in den 1920er Jahren zu Fusionen und Übernahmen. Ford, Chevrolet, Chrysler und General Motors hießen die führenden amerikanischen Marken, in Deutschland waren es Opel und Mercedes.

Aufgrund hoher Preise blieben Automobile für einen Großteil der Deutschen jedoch unerschwinglich. Um das zu ändern und breiten Schichten der Bevölkerung den Kauf eines eigenen Pkw zu erleichtern, forderte Adolf Hitler 1934 den Bau eines günstigen »Volksautos«. Der Konstrukteur Ferdinand Porsche erhielt vom Reichsverband der Automobilindustrie den Auftrag, einen Prototypen zu entwickeln. Es dauerte drei Jahre, bis sich die Pläne konkretisierten. Auf einem ländlichen Areal in Niedersachsen wurden mit Hilfe der Deutschen Arbeitsfront moderne Produktionsanlagen errichtet, 1938 gründete man die »Stadt des KdF-Wagens bei Fallersleben«, die ab 1945 den Namen Wolfsburg tragen sollte.

Während des Zweiten Weltkriegs wurden hauptsächlich Fahrzeuge für die Wehrmacht und die SS produziert. Die Belegschaft des KdF-Werks setzte sich zu zwei Dritteln aus Zwangsarbeitern, Kriegsgefangenen und KZ-Häftlingen zusammen. Nach Kriegsende kam die Produktion schnell wieder in Schwung. Bereits im Januar 1946 begann die Serienproduktion des Käfers mit dem Brezelfenster, der auf dem KdF-Wagen basierte. Das Volkswagenwerk in Wolfsburg wurde zu einer einzigartigen Erfolgsgeschichte der deutschen Wirtschaft. Millionen Fahrzeuge rollten vom Band, die Produktionsanlagen mussten ständig erweitert werden. Heute arbeiten über 60.000 Menschen im Werk, was rund der Hälfte der Einwohner Wolfsburgs entspricht.

Adresse Autostadt, Stadtbrücke, 38440 Wolfsburg, www.autostadt.de | Öffnungszeiten täglich 10–18 Uhr | Literaturtipp Mark C. Schneider: Volkswagen. Eine deutsche Geschichte.

60_Die Novemberpogrome

Tage der Schande

Im November 1938 gab es Pogrome in München, Berlin, Hamburg und Köln. Es gab Pogrome in Kleinstädten wie Bebra, Dessau und Emden. Es gab Pogrome überall in Deutschland. Den unrühmlichen Auftakt zu diesem nie da gewesenen Gewaltexzess der jüngeren deutschen Geschichte bildeten die Ausschreitungen, die am 7. November im hessischen Kassel stattfanden, wo Angehörige von SA und SS in Zivilkleidung jüdische Geschäfte plünderten und die Synagoge an der Unteren Königsstraße in Brand steckten.

Am Morgen dieses Tages hatte der polnische Jude Herschel Grynszpan in Paris ein Attentat auf den deutschen Diplomaten Ernst vom Rath verübt, der am 9. November seinen Verletzungen erlag. Für die NS-Führung war das Attentat ein willkommener Vorwand, um den »Volkszorn« gegen die Juden zu schüren. Der Hass brach sich Bahn: Bis zum 10. November wurden deutschlandweit Tausende jüdische Geschäfte, Wohnungen und jüdische Friedhöfe sowie rund 1.400 Synagogen, Betstuben und sonstige jüdische Versammlungsräume gestürmt und zerstört. Doch damit nicht genug: Mehr als 30.000 Menschen wurden gewaltsam inhaftiert, bis zu 2.000 Juden kamen bei den Novemberpogromen ums Leben. Die Bevölkerung reagierte mit Beifallsbekundungen, aber auch mit Scham und Entsetzen.

Letztlich war die sogenannte »Reichskristallnacht« die Folge der nationalsozialistischen Judenpolitik und des staatlich verordneten Antisemitismus, der seit der Machtübernahme 1933 jüdisches Leben in Deutschland durch falsche Anschuldigungen, Rechtseinschränkungen, Diskriminierung und Unterdrückung unmöglich machte. Jüdische Kinder durften keine deutschen Schulen mehr besuchen, sogar der Besuch von Museen, Theatern und Sportanlagen wurde verboten.

Die Novemberpogrome mit ihren Gewaltaktionen waren der Beginn der systematischen Verfolgung, Vertreibung und Vernichtung des europäischen Judentums, der Anfang des Holocaust.

Literaturtipp Wolfgang Benz: Gewalt im November 1938. Die »Reichskristallnacht« – Initial zum Holocaust.

61 Der Bürgerbräukeller

Das gescheiterte Attentat

Der Mut und die Entschlossenheit von Georg Elser verdienen bis heute größte Anerkennung. Als Einzelner hat er gewagt, gegen das nationalsozialistische Unrechtsregime aufzubegehren, um einen Krieg zu verhindern. Dieser heldenhafte Einsatz ist in der Epoche beispiellos.

Der 1903 geborene Elser war ein früher Gegner des Nationalsozialismus und verweigerte den Hitlergruß. Nach dem Münchner Abkommen vom September 1938 war Elser von Hitlers Kriegsplänen überzeugt und wollte diesen ein Ende setzen. Er besorgte sich Dynamit und zog im August 1939 nach München. Elser plante, Adolf Hitler am Abend des 8. November 1939 während dessen jährlicher Rede im Bürgerbräukeller mit einer Sprengstoffbombe zu ermorden. Der gelernte Schreiner versteckte sich in dem Gasthaus und höhlte in wochenlanger mühevoller Arbeit eine tragende Säule hinter dem Rednerpult aus, um dort eine Bombe mit Zeitzünder zu deponieren.

Wie von Elser geplant, detonierte der Sprengsatz um genau 21.20 Uhr. Allerdings hatte Hitler aufgrund mehrerer Umstände seine Rede früher als geplant beendet und den Bürgerbräukeller um 21.07 Uhr verlassen. Elsers Bombe tötete acht Menschen, es gab 57 Verletzte, darunter 15 Schwerverletzte.

Georg Elser wurde noch am gleichen Tag auf seiner Flucht in Konstanz verhaftet, verhört und gefoltert. Anschließend war er in den Konzentrationslagern Sachsenhausen und Dachau inhaftiert. Auf Befehl Hitlers wurde er am 9. April 1945 ohne Gerichtsverfahren mit einem Genickschuss hingerichtet. Jahrzehntelang wurde Georg Elsers Einsatz als Widerstandskämpfer nicht gewürdigt, in den Lexika fehlte sein Name. Erst durch Bücher und Filme wie »Georg Elser – Einer aus Deutschland« mit Klaus Maria Brandauer wurde sein Einsatz der Vergessenheit entrissen. Heute sind zahlreiche Straßen und Plätze nach ihm benannt, 2003 wurde eine Sonderbriefmarke zu Ehren Georg Elsers herausgegeben.

Adresse Der Bürgerbräukeller existiert nicht mehr. Er stand ehemals in der Rosenheimer Straße, 81667 München-Haidhausen | Literaturtipp Hellmut G. Haasis: »Den Hitler jag' ich in die Luft«. Der Attentäter Georg Elser. Eine Biographie.

62 Das Vernichtungslager

Die nationalsozialistische Todesfabrik

Auschwitz – kein anderer Name erinnert mehr an die Gräueltaten und Verbrechen der Nationalsozialisten. Auschwitz ist ein Ort der unauslöschlichen Schande, eine perfekt organisierte Todesfabrik, die noch heute alle Dimensionen und jede Vorstellungskraft sprengt.

Nüchtern betrachtet, ist Auschwitz der deutsche Name der polnischen Kleinstadt Oświęcim. Doch seit dem Zweiten Weltkrieg ist der Name Auschwitz ein Synonym für den Holocaust des nationalsozialistischen Verbrecherregimes. Ab Mai 1940 leitete der Lagerkommandant und SS-Offizier Rudolf Höß im Auftrag von Heinrich Himmler das Konzentrationslager. Ursprünglich als Arbeitslager für politische Gefangene konzipiert, wurde Auschwitz-Birkenau schnell zum Vernichtungslager und mit seinen sechs Gaskammern für die Nazis zum zentralen Schauplatz für die »Endlösung der Judenfrage«.

Bis zur Befreiung der letzten Häftlinge im Januar 1945 fanden in Auschwitz mehr als 1,1 Millionen Menschen den Tod, darunter überwiegend Juden, aber auch zahlreiche Roma und Sinti, Homosexuelle sowie sowjetische Kriegsgefangene. Ein Großteil wurde direkt nach ihrer Ankunft vergast, andere wurden erschlagen oder erschossen. Der berüchtigte Arzt Josef Mengele quälte selbst Kinder und Jugendliche für angebliche medizinische Versuche grausam und verübte Amputationen von Gliedmaßen sowie Organentnahmen an Gefangenen.

Nach Kriegsende tauchten viele Täter unter oder nahmen sich das Leben, doch wurden einige festgenommen und vor Gericht gestellt. So auch Rudolf Höß, der in Polen für seine Taten zur Rechenschaft gezogen und am 16. April 1947 in Auschwitz hingerichtet wurde. Im selben Jahr beschloss das polnische Parlament, das Konzentrationslager in eine Gedenkstätte mit Museum umzuwandeln. Das Vernichtungslager wurde 1979 von der UNESCO zum Weltkulturerbe erklärt und wird jährlich von mehr als zwei Millionen Menschen besucht.

Adresse Ofiar Faszyzmu 12, 32-600 Brzezinka, Polen | **Öffnungszeiten** täglich, Juni–Aug. 7.30–19 Uhr, April, Mai und Sep. 7.30–18 Uhr, März und Okt. 7.30–17 Uhr, Feb. 7.30–16 Uhr, Jan. und Nov. 7.30–15 Uhr, Dez. 7.30–14 Uhr, Führungen für Individualbesucher dauern 3,5 Stunden, www.auschwitz.org/en/english | **Literaturtipp** Heather Morris: Der Tätowierer von Auschwitz. Die wahre Geschichte des Lale Sokolov. Die erschütternde Biografie eines Holocaust-Überlebenden.

63 Im alliierten Bombenhagel

Luftangriffe im Zweiten Weltkrieg

Die Bombenangriffe im Zweiten Weltkrieg markierten eine neue Dimension der Kriegsführung, die darauf abzielte, Städte und Industrieanlagen im Hinterland zu zerstören und die Bevölkerung zu töten und zu demoralisieren. Neben dem Holocaust gehörten die flächendeckenden Bombardements zu den Schreckensszenarien des Krieges und haben sich tief ins kollektive Gedächtnis eingebrannt.

Bereits zu Beginn des Krieges gab es entsetzliche Angriffe durch die deutsche Luftwaffe auf Warschau und Rotterdam. Anschließend kam es zur Luftschlacht um England, bei der vor allem London, aber auch andere Städte wie Birmingham, Coventry, Manchester und Sheffield bombardiert wurden; Coventry wurde fast vollkommen zerstört.

Mit der Änderung der Machtverhältnisse im Verlauf des Krieges wurden deutsche Städte verstärkt Ziel der alliierten Bombenangriffe. Der britische Luftmarschall Arthur Harris koordinierte diese Angriffe, um die Moral der Zivilbevölkerung zu schwächen. Nach dem Kriegseintritt der USA wurden die Angriffe intensiviert, die Bombardements auf Essen, Schweinfurt und Hamburg forderten Tausende von zivilen Opfern. Der Umstand, dass die Alliierten ab dem Frühjahr 1944 über die uneingeschränkte Lufthoheit verfügten, erleichterte die Bombardements.

Der verheerendste Luftangriff des Zweiten Weltkriegs erfolgte in der Nacht vom 13. auf den 14. Februar 1945 auf das damals 630.000 Einwohner zählende Dresden. In zwei Angriffswellen warfen 773 britische Bomber eine gewaltige Menge an Spreng- und Brandbomben über der Stadt ab. Am 15. Februar erfolgte ein weiterer Angriff durch 311 amerikanische Bomber. Die entfachte Feuersbrunst führte zu einem wahren Inferno, dessen Flammen wochenlang wüteten. Dresden lag in Schutt und Asche, rund 25.000 Menschen verloren ihr Leben, über 80.000 Wohnungen und nahezu die gesamte Altstadt mit ihren barocken Prachtbauten wurden zerstört.

Literaturtipp Sinclair McKay: Die Nacht, als das Feuer kam. Dresden 1945.

64 Der Schwurgerichtssaal 600

Nürnberger Prozesse

Am 18. Oktober 1945 trat der Internationale Militärgerichtshof in Berlin erstmals zusammen. Nachdem die Anklagen gegen die sogenannten »Hauptkriegsverbrecher« erhoben worden waren, begann der Prozess in Nürnberg. Nürnberg als ehemalige Stadt der Reichsparteitage und vermeintliche »Geburtsstätte der Naziregierung« erschien den Amerikanern und ihren westlichen Verbündeten als der geeignetste Ort für diesen Prozess. Für Nürnberg sprachen außerdem der gute Zustand von Justizpalast und Gefängnis sowie die vorhandenen Unterbringungsmöglichkeiten für Personal und Zeugen.

Vom 20. November 1945 bis zum 1. Oktober 1946 prozessierten die Alliierten gegen 24 führende Angehörige von Reichskabinett, SA, SS, Gestapo, Sicherheitsdienst, Generalstab und Oberkommando der Wehrmacht sowie gegen das Führerkorps der NSDAP. Die Hauptanklagepunkte waren Verschwörung gegen den Frieden, Kriegsverbrechen und Verbrechen gegen die Menschlichkeit. Gegen zwölf der Angeklagten wurden Todesurteile ausgesprochen: Am 16. Oktober wurden Frank, Frick, Jodl, Kaltenbrunner, Keitel, Rosenberg, von Ribbentrop, Sauckel, Seyss-Inquart und Streicher gehängt, Göring und Ley hatten zuvor Selbstmord begangen. Bormann wurde in Abwesenheit zum Tode verurteilt. Schacht, von Papen und Fritzsche wurden freigesprochen, während Dönitz, Funk, Heß, von Neurath, Raeder, von Schirach und Speer Freiheitsstrafen von zehn Jahren bis lebenslänglich erhielten.

Danach schlossen sich bis 1949 die Nachfolgeprozesse gegen führende Vertreter aus Wirtschaft, Justiz, Ärzteschaft und Militärverwaltung an, die nur noch vor einem amerikanischen Militärgericht stattfanden. 18 der 177 Angeklagten wurden hingerichtet.

Der weitgehend original erhaltene Schwurgerichtssaal 600, in dem die Verhandlungen damals geführt wurden, kann besichtigt werden und bildet das Herzstück des Memorium Nürnberger Prozesse.

Adresse Memorium Nürnberger Prozesse, Bärenschanzstraße 72a, 90429 Nürnberg | **Öffnungszeiten** April–Okt. Mo, Mi–Fr 9–18 Uhr, Sa und So 10–18 Uhr, Nov.–März Mi–Mo 10–18 Uhr, www.memorium-nuernberg.de | **Literaturtipp** Annette Weinke: Die Nürnberger Prozesse.

65 Das Theater

Neuanfang mit Kompromissen

Seit der Machtübernahme durch die Nationalsozialisten hatten nicht nur zahlreiche jüdische Bürger Deutschland verlassen, sondern auch viele Kommunisten, Künstler, Schriftsteller und Intellektuelle waren vor der Verfolgung durch das Hitlerregime nach Frankreich, England oder in die Vereinigten Staaten emigriert. Andere, wie Erich Kästner, Hans Fallada und Wolfgang Koeppen, hatten sich in die sogenannte »Innere Emigration« zurückgezogen.

Nach der bedingungslosen Kapitulation der deutschen Wehrmacht lag Deutschland sowohl materiell als auch kulturell in Trümmern. Der Neuanfang, die berühmte Stunde Null, war ein Mythos, besonders im Bereich der Kunst und Literatur. Die Rückkehr der Exilanten, die von Erfahrungen mit dem nationalsozialistischen Regime traumatisiert waren, war nicht immer erwünscht. Beispielhaft kann Thomas Mann angeführt werden, der eine Distanz zu Deutschland aufrechterhalten wollte und deshalb nur zu Besuchen zurückkehrte.

Schriftsteller mit kommunistischem oder sozialistischem Hintergrund wie Bertolt Brecht, Anna Seghers, Arnold Zweig oder Bruno Apitz wollten einen Neuanfang wagen und zogen mit der Hoffnung oder der Gewissheit, in der Sowjetischen Besatzungszone das bessere Deutschland zu finden, nach Ostberlin. Bertolt Brecht und seine Frau Helene Weigel wollten ein eigenes Theater gründen und wurden vom Politbüro der SED mit offenen Armen empfangen und finanziell großzügig unterstützt. Brecht suchte nach einer Möglichkeit, seine Stücke inszenieren zu können, und ging dafür auch schmerzhafte Kompromisse ein.

Im November 1949 wurde das Berliner Ensemble zunächst ohne eigenes Haus gegründet. Die Aufführungen fanden vorerst im Deutschen Theater statt, 1954 zog das Berliner Ensemble in das Theater am Schiffbauerdamm, das schon bald als »Berliner Ensemble« firmierte. Helene Weigel leitete das Haus bis zu ihrem Tod im Mai 1971.

Adresse Berliner Ensemble, Bertolt-Brecht-Platz 1, 10117 Berlin | Öffnungszeiten Programm auf www.berliner-ensemble.de | Literaturtipp Werner Hecht: Die Mühen der Ebenen. Brecht und die DDR.

66 Das geteilte Dorf

Little Berlin

Nicht nur Berlin hat seine Mauer. Auch Mödlareuth, ein kleines Dorf an der Grenze zwischen Thüringen und Bayern, wurde im Zuge des Kalten Krieges geteilt. Von den Amerikanern »Little Berlin« genannt, ist Mödlareuth ein Symbol für die deutsch-deutsche Teilung: Mitten durch das Dorf verlief die Grenze entlang des Tannbachs. Bereits im Jahre 1952 wurde sie erst mit einem Bretterzaun, dann mit Stacheldraht gesichert. Familienangehörige wurden voneinander getrennt, Schulfreunde durften sich nicht wiedersehen. Doch damit nicht genug: Im Jahr 1966 erfolgte der Bau einer 700 Meter langen und 3,30 Meter hohen Betonsperrmauer, ähnlich der berühmten Berliner Mauer.

Der Grund für die Teilung geht auf das Jahr 1810 zurück: Damals gehörte ein Teil des Dorfes zum Fürstentum Reuß und der andere zum Königreich Bayern. Die Besatzungsmächte orientierten sich 1949 an den alten Demarkationslinien, weshalb der Norden von Mödlareuth zum Staatsgebiet der DDR gehörte. Auf westdeutscher Seite wurde das geteilte Dorf zur kuriosen Touristenattraktion. Selbst der damalige US-Vizepräsident George H.W. Bush besuchte 1983 Mödlareuth. Bekannt wurde die Geschichte des Dorfes durch den TV-Mehrteiler »Tannbach«, in dem die Protagonisten allerdings nicht Fränkisch, sondern Bairisch sprechen.

Am 9. Dezember 1989, exakt einen Monat nach dem Fall der Berliner Mauer, wurde in Mödlareuth der Grenzübergang feierlich eröffnet. Nach der Wiedervereinigung blieb ein 100 Meter langes Teilstück als Mahnmal erhalten. Das Areal wurde in ein museales Freigelände verwandelt, das zusammen mit den zugehörigen Original-Grenzanlagen die Schrecken der jüngsten Vergangenheit dokumentiert. Es gibt einen Beobachtungsbunker sowie Hundelaufanlagen, hohe Metallgitterzäune, Lichttrassen und Suchscheinwerfer, die auf eindrückliche Weise die Dimensionen eines menschenverachtenden Systems verdeutlichen.

Adresse Deutsch-Deutsches Museum Mödlareuth, Mödlareuth 13, 95183 Töpen | Öffnungszeiten März–Okt. Di–So 9–18 Uhr, Nov.–Feb. Di–So 9–17 Uhr, www.moedlareuth.de | Literaturtipp Ingolf Kern und Stefan Locke: Geteilte Geschichte. 25 deutsch-deutsche Orte und was aus ihnen wurde.

67 Das Blau-Gold-Haus

Der Wiederaufbau zerstörter Städte

Der Wiederaufbau der durch den Bombenkrieg zerstörten Städte gehört zu den beeindruckenden Leistungen der Nachkriegszeit. Nach dem Zweiten Weltkrieg lag Deutschland in Schutt und Asche. Viele Menschen lebten in Notunterkünften, während die viel gerühmten Trümmerfrauen mit der Beseitigung der Überreste der zerbombten Gebäude begannen. Der Bedarf an Wohnraum war enorm, und auch die Innenstädte als Mittelpunkt urbanen Lebens mussten neu gestaltet werden. Stadtplaner, Bürger und Politiker stritten über das Vorgehen. Traditionalisten wollten die Städte weitgehend rekonstruieren, Modernisten betrachteten die freien Flächen als eine Chance für einen Neubeginn mit zeitgemäßer Architektur.

Zu Beginn der 1950er Jahre erlebten deutsche Städte einen regelrechten Bauboom. Architektonische Visionen trafen auf Traditionsbewusstsein und Pragmatismus, wobei der Mangel an Wohnraum eine zentrale Rolle spielte. Die Architektur musste in dieser Epoche eine integrative und prägende Aufgabe übernehmen, die Zukunft gestalten und mit der Zerstörung der Baudenkmäler versöhnen.

In dieser Phase sind zahlreiche Zweckbauten entstanden, aber auch viele ansprechende Bauwerke, die an die klassische Moderne anknüpften. Ein herausragendes Beispiel der Nachkriegsmoderne ist das 1952 errichtete Blau-Gold-Haus in Köln. Der Kölner Architekt Wilhelm Koep errichtete das Gebäude im Auftrag der Parfümdynastie Mülhens – anstelle eines 1945 zerstörten Hotels – als Geschäftshaus in unmittelbarer Nähe des Doms. Über einer eleganten, von trapezförmigen Granitpfeilern strukturierten Ladenzone erhebt sich eine fünfgeschossige Aluminium-Vorhangfassade, deren goldeloxierte Metallrippen und türkisfarbene Brüstungselemente als frühes Beispiel von Corporate Design das Türkis-Gold der Marke 4711 aufnahmen. 1991 wurde das Haus unter Denkmalschutz gestellt und dient inzwischen wieder als Hotel.

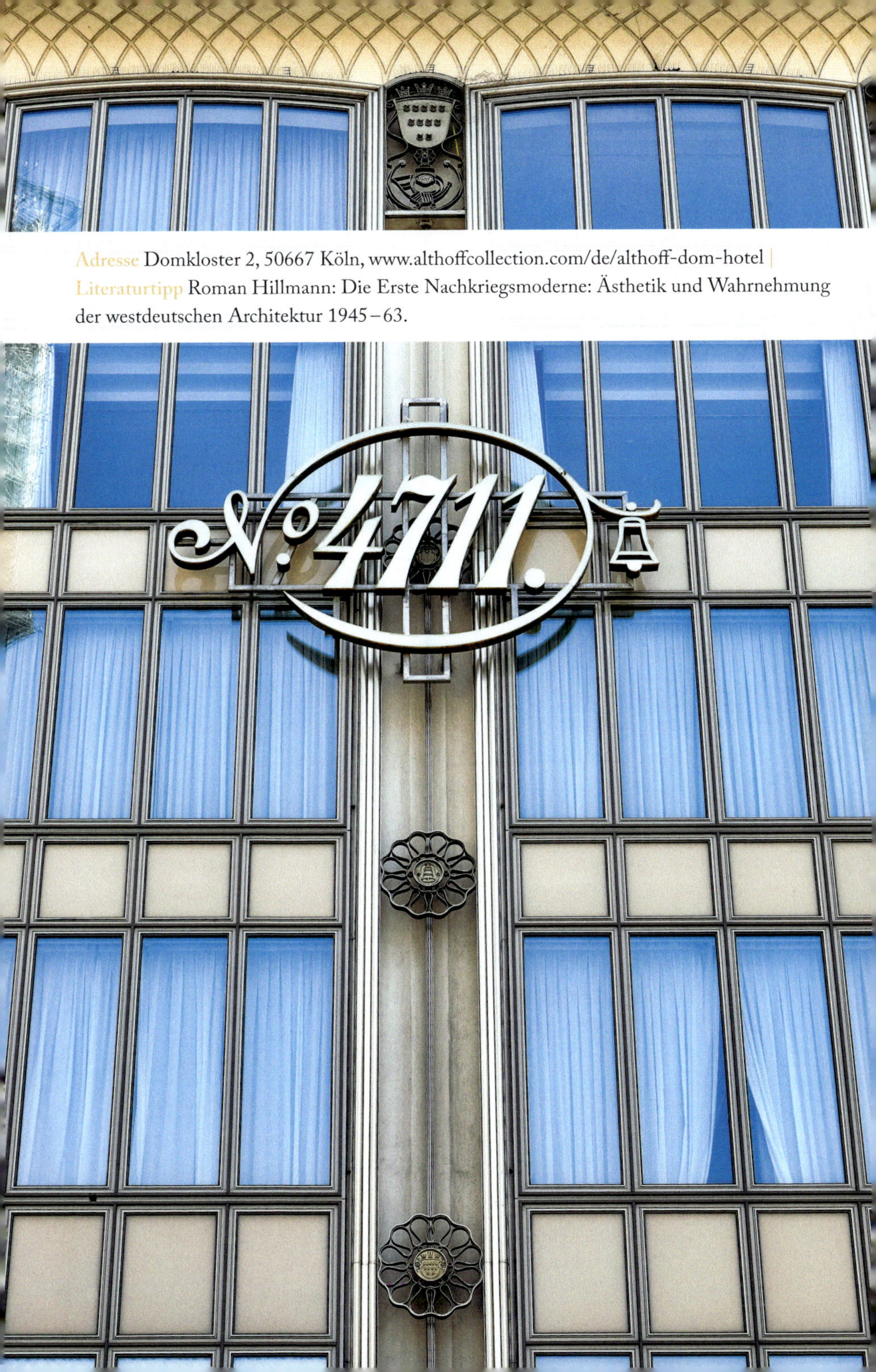

Adresse Domkloster 2, 50667 Köln, www.althoffcollection.com/de/althoff-dom-hotel | Literaturtipp Roman Hillmann: Die Erste Nachkriegsmoderne: Ästhetik und Wahrnehmung der westdeutschen Architektur 1945 – 63.

68 Die Pizzeria Capri

Wie die Pizza über die Alpen kam

Pizza, Döner, Falafel, Tapas, Souflaki, Sushi, Thai Curry – Spezialitäten aus aller Herren Länder haben längst einen festen Platz im deutschen Alltag erobert. Die kulinarische Vielfalt jenseits von Schweinebraten und Kohlrouladen möchte heute niemand missen. Ihren Anfang nahm diese Entwicklung im fränkischen Würzburg. In der Heimat der Bratwürste und Schäufele wurde am 24. März 1952 in der Elefantengasse 1 unter dem Namen »Sabbie di Capri« die erste Pizzeria in Deutschland eröffnet.

Der Gründungswirt Nicolino di Camillo, der aus Villamagna bei Chieti in den Abruzzen stammte, kann für sich in Anspruch nehmen, die deutsche Esskultur revolutioniert zu haben. Nicolino, genannt »Nick«, kam in der Nachkriegszeit nach Deutschland, heiratete eine Balletttänzerin, die am Nürnberger Opernhaus arbeitete, und kochte aushilfsweise in der Küche eines amerikanischen Casinos für US-Soldaten. Die GIs waren von seinen Kochkünsten so begeistert, dass er sich entschloss, ein eigenes Restaurant zu eröffnen. Durch Zufall fand Nick ein geeignetes Gasthaus in Würzburg und erfreute seine anfangs fast ausschließlich amerikanischen Gäste mit seinen Pizzakreationen. Erst als in der Zeit des Wirtschaftswunders die Rimini-Touristen die italienische Küche schätzen lernten, kamen auch die Würzburger in Scharen.

Der Rest ist bekannt: Mit der Einwanderung ausländischer Arbeitskräfte änderten sich die kulinarischen Vorlieben der Deutschen maßgeblich. Allerdings dauerte es noch bis in die 1970er Jahre, bis sich griechische und italienische Lokale flächendeckend in deutschen Städten etablierten. Dies war auch der Verfügbarkeit mancher Zutaten geschuldet, wie Zucchini, Mozzarella oder Olivenöl, die damals nur schwer zu bekommen waren. Die wachsende Reiselust der Deutschen trug letztlich dazu bei, die Nachfrage nach würzigen und exotischen Küchen anzukurbeln, sei es aus Indien, Vietnam, Peru oder Äthiopien.

Adresse Elefantengasse 1, 97070 Würzburg | Literaturtipp Erwin Seitz: Die Verfeinerung der Deutschen. Eine andere Kulturgeschichte.

69 Der Volksaufstand

Freiheit statt Planwirtschaft

Es steht außer Frage, dass der Volksaufstand vom 17. Juni 1953 ein Schlüsselereignis der deutschen Nachkriegsgeschichte ist und zu den großen revolutionären Erhebungen der deutschen Historie gehört. Rund eine Million Menschen gingen in über 700 Orten der DDR auf die Straße, um gegen die politischen und wirtschaftlichen Verhältnisse zu protestieren und mehr Freiheit und Demokratie zu fordern. Es war ein Aufstand gegen das ungeliebte System mit dem Wunsch nach und der Hoffnung auf grundlegende Veränderungen.

Die SED-Führung war von der Tragweite der Proteste vollkommen überrascht und heillos überfordert. Die sowjetische Besatzungsmacht verkündete den Ausnahmezustand, russische Panzer und die Kasernierte Volkspolizei schlugen den Aufstand blutig nieder.

Innerhalb weniger Stunden verloren mehrere Dutzend Menschen ihr Leben, darunter auch Minderjährige. Andere wie der Schlosser Alfred Diener wurden als angebliche Rädelsführer verhaftet und noch am selben Tag von einem Standgericht zum Tode verurteilt und hingerichtet. Insgesamt 15.000 Personen wurden inhaftiert, knapp 1.500 Angeklagte mussten langjährige Haftstrafen verbüßen.

Walter Ulbricht und seine Genossen blieben an der Macht, aber die Angst vor der eigenen Bevölkerung bestimmte trotz Stasi und Mauerbau das Denken der ostdeutschen Politiker. Im offiziellen Sprachduktus der DDR galt der Aufstand vom 17. Juni als »faschistischer Putschversuch« und wurde tabuisiert. Die Bundesrepublik erklärte den 17. Juni erst zum Feiertag, dann zum »nationalen Gedenktag«. Die Bedeutung des Juniaufstands von 1953 kann nicht hoch genug eingeschätzt werden. Es war die erste Massenerhebung im Herrschaftsbereich der Sowjetunion; dem weitere Aufstände in Ungarn, Polen und der Tschechoslowakei folgten, die in den Jahren 1989 und 1990 zum Zusammenbruch der kommunistischen Herrschaftssysteme in Osteuropa führten.

Adresse Leipziger Straße 124, 10117 Berlin | Literaturtipp Hubertus Knabe: 17. Juni 1953. Ein deutscher Aufstand.

70__Die Treppenstraße

Ein utopisches Raummodell?

Die Fußgängerzone ist längst aus keiner deutschen Stadt mehr wegzudenken. Sie galt als Zeichen der Urbanität, sei es in Düsseldorf, Castrop-Rauxel oder Kulmbach. Europaweit wird die Fußgängerzone als Erfolgsmodell gerühmt, auch wenn sie längst die Grenzen ihres Wachstums und ihrer Beliebtheit überschritten hat.

Zu Beginn des Wirtschaftswunders begann man in Westdeutschland, über die moderne Stadt neu nachzudenken. Auf der einen Seite stand der utopische Wunsch nach einer autogerechten Stadt, die sich an den Bedürfnissen des motorisierten Individualverkehrs orientieren sollte, andererseits entstanden als Gegenbewegung die ersten Fußgängerzonen, um den lästigen Autoverkehr aus dem Zentrum zu verbannen.

Am 9. November 1953 war es so weit: In der vom Krieg noch stark gezeichneten Kasseler Altstadt wurde mit der Treppenstraße erstmals eine Straße zur Fußgängerzone umgebaut. Der Architekt Wolfgang Rauda schwärmte vom »Anfang einer neuen Städtekultur« und einem »Beispiel von europäischem Rang eines neuen Raumwollens«. Die Städte Kiel und Stuttgart folgten wenige Wochen später diesem Beispiel mit der Holstenstraße beziehungsweise der Schulstraße. Es dauerte bis in die 1970er Jahre, bis sich die Fußgängerzone in der Bundesrepublik etabliert und zu einer leitenden Idee der Stadtplanung und einem Symbol für die Konsumgesellschaft entwickelt hatte. Im Laufe der Zeit wurden die Fußgängerzonen jedoch zu Straßen ohne Persönlichkeit, die von den immer gleichen Einzelhandels- und Restaurantketten geprägt waren. Je nach Lage und Größe der Stadt gibt es mehr Luxus oder mehr Ramsch. Und durch den zunehmenden Onlinehandel veröden nicht nur in Kleinstädten die Fußgängerzonen und die großen Einkaufszentren am Ortsrand. Leerstand ist allerorten präsent, die Innenstadt ist zur Krisenzone geworden, die mit neuen Ideen wiederbelebt werden muss. Auch in Kassel stehen die Zeichen auf Wandel.

Adresse Treppenstraße, 34117 Kassel | Literaturtipp Marc Augé: Nicht-Orte.

71 Die Weltmeisterschaft

Das Wunder von Bern

Es war »dem Fritz sein Wetter«. Das bedeutet, es regnete, als die deutsche Fußballnationalmannschaft am 4. Juli 1954 in Bern im Endspiel der Weltmeisterschaft gegen Ungarn auf den Platz lief. Was nach Aberglauben klingt, hatte einen ernsthaften Hintergrund: Der deutsche Kapitän Fritz Walter war im Krieg an Malaria erkrankt. Deshalb vertrug er keine Hitze, aber bei kühlen Temperaturen lief er zur Höchstform auf.

Über der Weltmeisterschaft lagen noch die Schatten des Zweiten Weltkriegs und der Spaltung Deutschlands. Die deutsche Nationalmannschaft bestand aus Spielern, die in unterschiedlichen Besatzungszonen lebten und trainierten. Nachdem Deutschland erstmals nach dem Krieg wieder an einer Weltmeisterschaft teilnehmen durfte, schien das Fußballturnier ein Weg zu sein, Deutschland wieder in die internationale Gemeinschaft zurückzuführen.

Die von Sepp Herberger trainierte Elf traf im Endspiel im Wankdorf-Stadion auf die hochfavorisierten Ungarn, gegen die sie bereits in der Vorrunde mit 3:8 deutlich verloren hatten. Die ungarische Mannschaft führte im Finale bereits nach acht Minuten mit 2:0, es sah nach einem Debakel aus. Doch die deutsche Elf kämpfte sich zurück und sicherte sich schließlich einen denkwürdigen 3:2-Sieg. Das Spiel wurde als »Wunder von Bern« für die Zeitgenossen zum Symbol für Kampfgeist und Entschlossenheit. Ein neues Selbstwertgefühl entstand. Nicht elf Fußballer, sondern »wir«, die Deutschen, hatten gewonnen.

Der Gewinn der Fußballweltmeisterschaft 1954 hatte weitreichende Auswirkungen auf das nationale Selbstverständnis der Deutschen, vergleichbar nur mit dem 9. November 1989. Er half, das Bild eines wirtschaftlich und politisch wiedererstarkten Landes zu formen und die moralische und kulturelle Identität Deutschlands zu stärken. Der Titelgewinn war ein Schritt auf dem Weg zur Überwindung der als Schmach empfundenen Kriegsfolgen.

Adresse Papiermühlestraße 71, 3014 Bern, Schweiz | Literaturtipp Christof Siemes: Das Wunder von Bern.

72 Das Grenzdurchgangslager

Kriegsheimkehrer und Migrationsprozesse

Das Thema Migration nimmt gegenwärtig einen bedeutenden Platz in den Medien ein und wird in Politik und Gesellschaft unter den verschiedensten Gesichtspunkten diskutiert. Schon nach Ende des Zweiten Weltkriegs stand Westdeutschland vor der Herausforderung, Millionen Flüchtlinge, Vertriebene und Displaced Persons aus den ehemaligen deutschen Ostgebieten im Land zu integrieren.

Über 14 Millionen Menschen waren damals von Vertreibung betroffen, riesige Flüchtlingsströme zogen durch das zerstörte Land. Um den Migrationsprozess zu steuern und zu kontrollieren, wurden mehrere Sammelunterkünfte, so in Furth im Wald oder Piding, eingerichtet. Das bekannteste und größte Grenzdurchgangslager befand sich in der britischen Besatzungszone im niedersächsischen Friedland. Die Vertriebenen wurden in den leer stehenden Schweine- und Pferdeställen der Universität Göttingen untergebracht. Vor allem für die deutschen Kriegsgefangenen aus Russland war Friedland das »Tor zur Freiheit«. Die ersten ehemaligen Soldaten kehrten 1946 zurück, doch Zigtausende wurden noch in den sowjetischen Lagern gefangen gehalten. Konrad Adenauer gelang es 1955, die Rückkehr aller Kriegsgefangenen zu verhandeln. Im Januar 1956 trafen die letzten Heimkehrer in Friedland ein.

In den darauffolgenden Jahrzehnten wurde Friedland die erste Anlaufstation für Spätaussiedler aus Osteuropa, Flüchtlinge aus Ungarn, Bootsflüchtlinge aus Vietnam, Übersiedler aus der DDR, Kriegsflüchtlinge aus Syrien, Irak und zuletzt aus der Ukraine. Von 1945 bis heute sind rund viereinhalb Millionen Menschen durch das Grenzdurchgangslager Friedland nach Deutschland gekommen, und jeder dieser Menschen bringt seine eigene Geschichte und sein eigenes Schicksal mit. Das Museum Friedland erzählt die bewegende Vergangenheit des Lagers und zeigt Migration als dynamischen Prozess, der niemals abgeschlossen sein wird.

Adresse Museum Friedland, Bahnhofstraße 2, 37133 Friedland | Öffnungszeiten Mi–So 10–18 Uhr, www.museum-friedland.de | Literaturtipp Joachim Baur und Lorraine Bluche (Hrsg.): Fluchtpunkt Friedland. Über das Grenzdurchgangslager, 1945 bis heute.

73 Die Kaserne

Eine amerikanische Kleinstadt

Nach dem Ende des Zweiten Weltkriegs wurde Deutschland von den Hauptsiegermächten in vier Besatzungszonen aufgeteilt. Die sowjetische Besatzungszone entsprach der späteren DDR, Norddeutschland gehörte zum britischen Sektor, ein vergleichsweise kleiner Teil im Südwesten unterstand der französischen Militärregierung, während Bayern, Württemberg-Baden und Hessen zur amerikanischen Besatzungszone gehörten. Berlin hatte als frühere Reichshauptstadt einen Sonderstatus.

Die Besatzungstruppen nutzten dabei die Infrastruktur der deutschen Wehrmacht, so auch im hessischen Hanau, wo die erst 1938 in Fächerform fertiggestellte »Pionier-Kaserne« von der US-Armee besetzt und zur »Pioneer-Kaserne« umfunktioniert wurde. Der Standort Hanau wurde zu einem der größten und bedeutendsten US-amerikanischen Militärstützpunkte Europas ausgebaut. Zeitweise lebten in mehreren Kasernen der »Hanau Garrison« rund 30.000 Soldaten, zivile Angestellte sowie deren Familienmitglieder – eine Kleinstadt mit eigenen Kliniken, Kinos, Theater, Sportanlagen, darunter die größte Bowlingbahn Europas.

Nach der deutschen Wiedervereinigung und dem schrittweisen Abzug der sowjetischen Armee aus der ehemaligen DDR reduzierten auch die Briten, Franzosen und Amerikaner ihre in Westdeutschland stationierten Truppenkontingente und gaben viele Standorte auf. Der Kalte Krieg war zu Ende.

Aus Hanau zog sich die US-Armee ebenfalls zurück. Ende 2008 verließen die letzten Soldaten die Pioneer-Kaserne. Insgesamt räumten die Amerikaner im Stadtgebiet eine Fläche von 340 Hektar, deren Nachnutzung und Umstrukturierung eine große Aufgabe für die Stadtentwicklung darstellen. Die zum Kulturdenkmal erklärte Pioneer-Kaserne mit ihrem 50 Hektar großen Areal soll in eine Parkstadt umgewandelt werden. Geplant ist die Schaffung eines urbanen Quartiers mit 1.600 Wohneinheiten, Einzelhandel und Arztpraxen.

Adresse Stadtteil Wolfgang, 63457 Hanau | Literaturtipp Klaus-Dietmar Henke: Die amerikanische Besetzung Deutschlands.

74 Das Gefängnis

Das »Gelbe Elend«

Der Name Bautzen steht symbolisch für die politische Verfolgung durch die Unrechtsregime der Nationalsozialisten, der Sowjetischen Militäradministration und der DDR. Ursprünglich ab 1900 als eine reformierte Strafanstalt errichtet mit dem Ziel, einen humaneren und liberaleren Strafvollzug für 1.100 Häftlinge zu gewährleisten, wurden die Gefängnisse Bautzen I und Bautzen II nach der Machtübernahme der Nationalsozialisten zu politischen Gefängnissen umfunktioniert. Die berühmtesten Insassen zu dieser Zeit waren Ernst Thälmann, der Vorsitzende der Kommunistischen Partei Deutschlands, der Schriftsteller Ludwig Renn und der Verleger Walter Janka.

Nach Kriegsende internierte die Sowjetische Militäradministration in Bautzen NS-Kriegsverbrecher, aber auch Stalinismus-Gegner und angebliche Spione wie den Schriftsteller Walter Kempowski. Zeitweise waren mehr als 7.000 Männer unter schrecklichen Umständen inhaftiert, weswegen es zu zwei Häftlingsaufständen kam. Von den mehr als 27.000 Gefangenen seit Kriegsende starben rund 3.000 in Bautzen und wurden größtenteils anonym in Massengräbern auf dem »Karnickelberg« verscharrt. Aufgrund der gelben Klinkerfassade des Gefängnisses sprach man vom »Gelben Elend«.

Nach Gründung der DDR erwarb sich die bisherige Untersuchungshaftanstalt Bautzen II – seit 1963 direkt von der Staatssicherheit geführt – einen berüchtigten Ruf als politisches Gefängnis. Der Schriftsteller Erich Loest war hier ebenso wie der Bürgerrechtler Rudolf Bahro interniert, Walter Janka gar ein zweites Mal.

Während Bautzen I saniert wurde und dem Freistaat Sachsen noch immer als Justizvollzugsanstalt dient, wurde 1993 beschlossen, in Bautzen II eine »Gedenkstätte für die Opfer der kommunistischen und sozialistischen Diktatur und politischer Justiz in der ehemaligen Sonderhaftanstalt« einzurichten.

Adresse Gedenkstätte, Weigangstraße 8A, 02625 Bautzen | Öffnungszeiten Mo–Do, Sa und So 10–18 Uhr, Fr 10–20 Uhr | Literaturtipp Stiftung Sächsische Gedenkstätten zur Erinnerung an die Opfer politischer Gewaltherrschaft (Hrsg.): Gefangen in Bautzen. Beiträge zur Gefängnisgeschichte und Erinnerungskultur.

75 Die Arbeitsimmigranten

Wie aus Gastarbeitern Mitbürger wurden

Deutschland ist ein Einwanderungsland. Das ist eine Tatsache, die viele Politiker jahrzehntelang nicht anerkennen wollten. Seitdem der deutsche Arbeitsminister Anton Storch und der italienische Außenminister Gaetano Martino am 20. Dezember 1955 in Rom das erste Anwerbeabkommen für Arbeitskräfte aus Italien unterzeichnet haben, sind mehrere Millionen Menschen auf der Suche nach Arbeit nach Deutschland gekommen. Nicht nur aus Italien, sondern auch aus Spanien, Portugal, Griechenland, Jugoslawien oder der Türkei.

Ursprünglich sollten diese Arbeitskräfte als »Gastarbeiter« im Rotationsprinzip in Westdeutschland arbeiten und nach Ablauf einer bestimmten Aufenthaltsfrist in ihre Heimatländer zurückkehren. Doch wie Max Frisch 1965 treffend feststellte: »Wir riefen Arbeitskräfte, und es kamen Menschen.« Viele entschieden sich dafür, dauerhaft zu bleiben, und ihre Familien folgten nach. Der Boom der Wirtschaftswunderjahre ist auch ein Verdienst der Arbeitsimmigranten, die mit ihrer Kultur, ihren Lebensgewohnheiten Deutschland nachhaltig verändert und geprägt haben.

Die lang anhaltende Weigerung der Bundesregierung, Deutschland als Einwanderungsland zu begreifen, führte zu zahlreichen Versäumnissen, so fehlten Integrationsprogramme oder verstärkte Maßnahmen zum Spracherwerb und Qualifikationsmaßnahmen für Frauen. Erschwerend kamen Kampagnen gegen die doppelte Staatsbürgerschaft hinzu und ein langwieriger, schwieriger Prozess, die deutsche Staatsbürgerschaft zu erwerben. Dem gegenüber stand seit den 1980er Jahren das Konzept des Multikulturalismus und die Forderung nach unbegrenzter Aufnahme verschiedenster Ethnien und Kulturen. Heute hat rund ein Drittel der deutschen Bevölkerung einen Migrationshintergrund. Wenn man die nach Kriegsende Vertriebenen und die Flüchtlinge aus den Ostgebieten hinzuzählt, dann hat Deutschland sogar eine migrantische Bevölkerungsmehrheit.

Adresse Dortmund Literaturtipp | Fatih Çevikkollu: Kartonwand. Das Trauma der Arbeitsmigrant/innen am Beispiel meiner Familie.

76__Die Mauer

Mahnmal der Unterdrückung

In den frühen Morgenstunden des 13. August 1961 begannen Grenzpolizisten, die Sektorengrenze in Berlin abzuriegeln. Unter Aufsicht von Einheiten der Nationalen Volksarmee wurden das Straßenpflaster und der Asphalt aufgerissen, Steinbarrikaden aufgetürmt, Betonpfähle eingerammt und Stacheldrahtbarrieren gezogen. Walter Ulbricht, SED-Parteiführer und Vorsitzender des Staatsrats der DDR, hatte den Befehl erteilt, einen »antifaschistischen Schutzwall« zu errichten, wie es im offiziellen DDR-Sprachgebrauch hieß.

Die Bevölkerung im Westen wie im Osten Berlins wurde vom Mauerbau völlig unvorbereitet getroffen. Beide Seiten reagierten mit Entsetzen, aber auch mit Wut. Allen war bewusst, dass es – angesichts des zunehmenden Flüchtlingsstroms in die BRD – der verzweifelte Versuch war, die eigenen Bürger daran zu hindern, ihr Land zu verlassen, indem man es hermetisch abriegelte. Nicht nur um Westberlin erstreckte sich die Mauer auf über 167 Kilometern, sondern auf weiteren 1.400 Kilometern von der Lübecker Bucht bis zur deutsch-tschechischen Grenze bei Hof.

Die Berliner Mauer wurde zum Symbol der konfliktreichen Nachkriegsordnung, zum Symbol der deutschen Teilung. Sie galt als Inbegriff kommunistischer Willkür, als Mahnmal eines Unterdrückungssystems, das seinen eigenen Zusammenbruch um jeden Preis abzuwehren suchte.

Um Fluchtversuche zu vereiteln, wurde den Grenzsoldaten der Einsatz von Schusswaffen vorgeschrieben. Bereits am 24. August 1961 starb erstmals ein Mensch bei dem Versuch, die Mauer zu überwinden. Zur Mauergeschichte gehören zahlreiche dramatische Fluchtversuche von Frauen und Männern, die auf dem Grenzstreifen elendig verbluteten. Die genaue Zahl der Todesopfer ist nicht bekannt. Die Schätzungen verschiedener Organisationen gehen von mindestens 140 und bis zu 245 Mauertoten aus; der letzte war Chris Gueffroy am 6. Februar 1989.

Adresse Gedenkstätte Berliner Mauer, Bernauer Straße 111, 13355 Berlin | Öffnungszeiten täglich 8 – 22 Uhr, www.stiftung-berliner-mauer.de | Literaturtipp Thomas Flemming: Die Berliner Mauer. Geschichte eines politischen Bauwerks.

77 Das Pressehaus

Landesverrat im Backsteinbau?

»Verdacht auf Landesverrat« lautete der schwere Vorwurf, den die Bundesanwaltschaft gegen den »Spiegel« und mehrere Journalisten des Nachrichtenmagazins erhoben hatte. Am Abend des 26. Oktober 1962 wurden die Redaktionsräume im Hamburger Pressehaus von der Polizei besetzt und durchsucht. Gleichzeitig wurden mehrere Haftbefehle ausgestellt. Was war passiert?

Unter dem Titel »Bedingt abwehrbereit« hatte »Der Spiegel« am 10. Oktober einen Artikel seiner Redakteure Conrad Ahlers und Hans Schmelz veröffentlicht, der basierend auf den Resultaten eines Nato-Manövers zu dem Ergebnis kam, dass die Ausstattung der Bundeswehr mangelhaft und einem feindlichen Angriff nicht gewachsen wäre. Eine Frontalkritik gegen Verteidigungsminister Franz Josef Strauß.

Mehrere Mitarbeiter der Chefredaktion wurden verhaftet, Conrad Ahlers sogar im Urlaub in Spanien. Rudolf Augstein stellte sich freiwillig und saß bis Februar 1963 insgesamt 103 Tage in Untersuchungshaft, was seinen Nimbus als unbeugsamer Journalist begründete. Die Durchsuchung der Redaktionsräume dauerte bis zum 25. November an, aber »Der Spiegel« konnte weiter erscheinen, da die anderen im Pressehaus untergebrachten Printmedien, so »Die Zeit« und der »Stern«, die »Spiegel«-Journalisten unterstützten.

Im Bundestag wetterte Konrad Adenauer über »einen Abgrund von Landesverrat im Lande«, da der Artikel militärische Geheimnisse verraten haben soll. Schon bald stellte sich heraus, dass die Vorwürfe nicht haltbar waren und Franz Josef Strauß gelogen hatte. Intellektuelle protestierten gegen den unglaublichen Angriff auf die Pressefreiheit. Im Laufe des Novembers entwickelte sich die »Spiegel-Affäre« zu einer schweren Regierungskrise, Strauß musste als Verteidigungsminister zurücktreten, zwei Staatssekretäre wurden entlassen. Rückblickend bezeichnete Rudolf Augstein 2002 die Affäre als den »größten Justizskandal in der rechtsstaatlichen Geschichte Deutschlands«.

Adresse Speersort 1, 20095 Hamburg | **Literaturtipp** Martin Doerry und Hauke Janssen: Die Spiegel-Affäre. Ein Skandal und seine Folgen.

78 Das Fachgeschäft für Ehehygiene

Erster Sexshop der Welt

Die Adenauer-Ära erscheint im Rückblick als eine Epoche der Prüderie und Lustfeindlichkeit. Trotz restriktiver Gesetze, wie dem gegen »widernatürliche Unzucht«, war das Interesse an Sexualität natürlich auch in den frühen Jahren der Bundesrepublik groß und ist untrennbar mit dem Namen Beate Uhse verbunden.

Die 1919 in Ostpreußen geborene Beate Uhse war eine in vielerlei Hinsicht außergewöhnliche Frau. Bereits mit 18 Jahren erwarb sie den Pilotenschein, später wurde sie Test- und Stuntpilotin. Im Jahre 1944 gehörte sie zu den wenigen Pilotinnen der Wehrmacht, für die sie im Range eines Hauptmanns Flugzeuge an die Front überführte.

In der Nachkriegszeit erfuhr sie aus zahlreichen Gesprächen, dass viele Frauen Angst vor einer ungewollten Schwangerschaft hatten und nur unzureichende Kenntnisse über Verhütungsmethoden besaßen. Die sehr liberal eingestellte Beate Uhse verfasste einen Handzettel mit dem Titel »Schrift X«, der Frauen über natürliche Empfängnisverhütung nach der Knaus-Ogino-Methode aufklärte. 1947 verkaufte sie 32.000 Exemplare zum Preis von 50 Pfennig pro Stück. Das Geschäft florierte, und Uhse gründete 1951 ein Versandhaus, das Kondome und Bücher zum Thema »Ehehygiene« anbot.

Vom Erfolg gestärkt, eröffnete sie im Dezember 1962 in Flensburg ein »Fachgeschäft für Ehehygiene« und damit den weltweit ersten Sexshop. Viele selbst ernannte Vertreter der bürgerlichen Moral echauffierten sich über Uhse und ihr Unternehmen. Unzählige Strafverfahren wegen »Beihilfe zur Unzucht« oder der »Verbreitung jugendgefährdender Schriften« wurden vergeblich eingeleitet. Die von der Boulevardpresse heftig angefeindete Unternehmerin erfuhr eine späte Anerkennung ihrer Arbeit. Heute gilt die 2001 verstorbene Beate Uhse als eine der Wegbereiterinnen einer offeneren und freieren Gesellschaft.

Adresse ehemals in der Angelburger Straße 58, 24937 Flensburg | **Literaturtipp** Sybille Steinbacher: Wie der Sex nach Deutschland kam.

79 Das Schöneberger Rathaus

Berlins großer Tag

1963 war Berlin eine geteilte Stadt, der Kalte Krieg bestimmte die Außenpolitik, Konrad Adenauer war Bundeskanzler und Willy Brandt Regierender Bürgermeister. Durch den zwei Jahre zuvor erfolgten Bau der Berliner Mauer war die Stimmung in der Bevölkerung gedrückt, die Westberliner fühlten sich von der Bundesregierung und den Alliierten im Stich gelassen. Mit großer Spannung wurde daher der Besuch des amerikanischen Präsidenten John F. Kennedy erwartet, denn seit 1945 hatte kein Regierungschef der Westalliierten die Stadt betreten.

Der Termin war symbolträchtig gewählt: Am 26. Juni 1963, dem 15. Jahrestag der Luftbrücke, landete Kennedy am Flughafen Tegel, der während der Berlin-Blockade gebaut worden war. An der Seite von Adenauer und Brandt fuhr er im offenen Wagen durch die Stadt, vorbei an der Gedächtniskirche, an der Siegessäule und dem Checkpoint Charlie. Begeisterte Berliner winkten von Dächern und Balkonen, während die Kolonne schließlich das Schöneberger Rathaus erreichte, wo sich über 450.000 Menschen versammelt hatten – der Höhepunkt von Kennedys Besuch.

Und Kennedy enttäuschte die Wartenden nicht. In seiner zehnminütigen Rede nannte er die Berliner Mauer ein »Symbol für das Versagen des Kommunismus« und sprach jenen Satz aus, der sich tief ins kollektive Gedächtnis einbrannte: »Ich bin ein Berliner.« Mit diesen vier auf Deutsch gesprochenen Worten verdichtete Kennedy das deutsch-amerikanische Gemeinschaftsgefühl. Seine Botschaft war eindeutig: Berlin ist ein Teil Amerikas. Und die Berliner bejubelten diesen Rückhalt lautstark.

Mit seiner Rede, die live im Radio- und im Fernsehprogramm der ARD übertragen wurde, festigte der amerikanische Präsident nicht nur das transatlantische Bündnis und betonte die gemeinsamen Werte von Freiheit und Demokratie, vor allem signalisierte er den Berlinern und damit der Sowjetunion, dass die USA die Stadt nicht aufgeben werden.

Adresse John-F.-Kennedy-Platz 1, 10825 Berlin | Literaturtipp Hans-Michael Koetzle u. a.: Kennedy in Berlin. Der Kennedy-Besuch in Deutschland 1963.

80 Die Bundesliga

Fußball ist unser Leben

Als am 24. August 1963 in acht deutschen Stadien um 17 Uhr zeitgleich die Fußball-Bundesliga angepfiffen wurde, konnte niemand erahnen, welch grandiose Erfolgsgeschichte damit beginnen sollte. Und bereits nach 58 Sekunden erzielte Friedhelm »Timo« Konietzka das erste Tor für Borussia Dortmund im Spiel gegen den SV Werder Bremen und sicherte sich mit diesem Treffer einen Platz in den Fußballgeschichtsbüchern.

Der Gründung der Fußball-Bundesliga gingen intensive Diskussionen voraus, um festzulegen, welche Vereine der Oberligen teilnehmen durften und nach welchen Kriterien sie ausgewählt werden sollten. Schließlich startete die Saison 1963/64 mit 16 Mannschaften, darunter auch der 1. FC Nürnberg, Eintracht Frankfurt oder Preußen Münster, Vereine wie Bayern München und Borussia Mönchengladbach mussten zunächst noch ein Jahr in der neuen Regionalliga spielen.

Seit ihrer Gründung ist die Fußball-Bundesliga weit mehr als nur eine Sportliga. Sie ist ein gesellschaftliches, schichtenübergreifendes Phänomen und hat daher eine soziale Bindungsfunktion. Woche für Woche verfolgen Millionen Fans die Spiele in den Stadien, im Fernsehen, Radio oder Internet, einhergehend mit einer oft lebenslangen Identifizierung mit dem jeweiligen Verein. Der Begriff Fußballkultur umfasst die vielfältigen kulturellen Aspekte dieses Phänomens. Zugleich ist die Bundesliga ein gewaltiger Wirtschaftsfaktor mit Milliardenumsätzen. Und während anfangs nur Halbamateure auf dem Rasen standen, verdienen Spitzenspieler heute mehr als eine Million Euro pro Monat. Durch die Kommerzialisierung ist eine Parallelwelt mit eigenen Normen und Gesetzen entstanden, was sich insbesondere in den weitreichenden Ausnahmeregelungen während der Coronapandemie zeigte.

Nachtrag: Trotz des frühen Treffers von Konietzka verlor Dortmund am Ende 2:3 gegen die Bremer Elf. Erster Meister der Bundesliga wurde der 1. FC Köln.

Adresse Deutsches Fußballmuseum, Platz der Deutschen Einheit 1, 44137 Dortmund | Öffnungszeiten Di–So 10–18 Uhr, www.fussballmuseum.de | Literaturtipp Ronald Reng: Spieltage: Die andere Geschichte der Bundesliga.

81 Die Auschwitz-Prozesse

Unmenschlichkeit vor Gericht

Als die Frankfurter Auschwitz-Prozesse in den 1960er Jahren begannen, markierten sie einen bedeutsamen Wendepunkt in der deutschen Geschichte. Diese Gerichtsverfahren sollten speziell die Verbrechen des Holocaust verfolgen und diejenigen zur Rechenschaft ziehen, die an den systematischen Massenmorden während des Zweiten Weltkriegs beteiligt waren und sie zur Verantwortung ziehen.

Der erste von drei Auschwitz-Prozessen begann am 20. Dezember 1963 im Frankfurter Römer und dauerte bis zum 19. August 1965. Insgesamt gab es 22 Hauptangeklagte, von denen 17 ehemalige SS-Männer waren, die im Konzentrationslager Auschwitz gearbeitet hatten. Die Anklage lautete auf Beihilfe zum Mord in mehreren hunderttausend Fällen.

Das Gerichtsverfahren hatte internationale Bedeutung. Es war das erste Mal, dass ein deutsches Gericht systematische Massenmorde während des Holocaust untersuchte und bestrafte. Generalstaatsanwalt Fritz Bauer stützte seine Anklage auf die Zeugenaussagen von Überlebenden, die detailliert die Gräueltaten in Auschwitz beschrieben. Sechs Angeklagte wurden zu lebenslangen Zuchthausstrafen verurteilt, die anderen zu unterschiedlich langen Freiheitsstrafen, drei wurden aus Mangel an Beweisen freigesprochen.

Obwohl die Urteile oft als zu milde empfunden wurden, trugen die Frankfurter Auschwitz-Prozesse dazu bei, die Verantwortlichen für die Gräueltaten des Holocaust zur Rechenschaft zu ziehen und das Bewusstsein für die Verbrechen des Holocaust in Deutschland zu schärfen. Sie spielten eine entscheidende Rolle bei der rechtlichen Aufarbeitung und trugen zur öffentlichen Auseinandersetzung mit der nationalsozialistischen Vergangenheit bei. Der Prozess symbolisierte den Wandel in der deutschen Justiz und Gesellschaft, der dazu führte, dass Verbrechen gegen die Menschlichkeit in Deutschland nicht mehr straffrei blieben, sondern geahndet werden konnten.

Adresse Römerberg 23, 60311 Frankfurt am Main | Literaturtipp Ronen Steinke: Fritz Bauer oder Auschwitz vor Gericht.

82 Der Star-Club

Vom Kino zur Kultbühne

Kaum ein Ort in Deutschland hat für die Rock- und Popmusik eine vergleichbare Bedeutung wie der Hamburger Star-Club. Hier wurde Musikgeschichte geschrieben! Am 13. April 1962 eröffnete im Hamburger Stadtteil St. Pauli, dank der Idee des Musikpromoters Horst Fascher, in einem Kino an der Großen Freiheit ein Musikclub mit angesagten Bands, meist aus England oder Amerika. Die Namen der Acts, die hier auf der Bühne standen, lesen sich wie ein Who's who der Rockgeschichte: The Animals, The Searchers, Bill Haley, Chuck Berry, Jerry Lee Lewis, Little Richard, Jimi Hendrix, Black Sabbath, Ozzy Osbourne, Cream, Yes, Ray Charles, Fats Domino und die Everly Brothers. In der Anfangszeit gaben jeden Abend mehrere Bands hintereinander ein jeweils einstündiges Konzert. Schnell wurde der Hamburger Club zur Kultbühne und war fast immer ausverkauft.

Weltberühmt wurde der Star-Club durch die legendären Aufritte der Beatles, die zwei Jahre zuvor im Hamburger Indra ihr erstes Konzert außerhalb Englands gegeben hatten. Schon am Eröffnungstag des Clubs begann das siebenwöchige Gastspiel der Band, im November und Dezember des gleichen Jahres folgten weitere, jeweils zweiwöchige Gastsessions. Bei der letzten Session wurde das Livealbum »Live! at the Star-Club in Hamburg« aufgenommen, das allerdings erst 1977 veröffentlicht wurde. Am Silvesterabend 1962 standen die Beatles das letzte Mal auf der Bühne des Star-Clubs. Musikhistoriker und Fans sind sich einig: Die Hamburger Zeit war für die Beatles enorm wichtig. An der Alster entwickelten sie ihren musikalischen Stil, fanden zu ihrer Pilzkopffrisur und legten den Grundstein für ihre Weltkarriere.

Der Star-Club selbst wurde am 31. Dezember 1969 geschlossen und in ein Erotik-Nachtlokal namens Salambo verwandelt. Nackte Haut statt harter Beats. Nach einem verheerenden Brand wurde das Gebäude 1987 schließlich abgerissen.

Adresse Große Freiheit 37, 22767 Hamburg | Literaturtipp Ulf Krüger: Star-Club. Der bekannteste Beat-Club der Welt.

83 Die Stasi

Mielkes Spitzel

Rudolf Bahro, Wolf Biermann, Robert Havemann, Stefan Heym, Manfred Smolka, Christa Wolf – die Liste der Stasiopfer ist lang, sehr, sehr lang. Sie wurden abgehört, verleumdet, gesellschaftlich isoliert, erhielten Berufsverbot oder wurden, wie im Fall von Manfred Smolka, sogar hingerichtet.

Das Ministerium für Staatssicherheit (MfS), auch als Stasi bekannt, wurde 1950 gegründet, um die Macht der Sozialistischen Einheitspartei Deutschlands (SED) abzusichern und das Ansehen und die Existenz von Partei und DDR zu schützen. Schnell entwickelte sich die Stasi zu einer gefürchteten Institution, die mit ausgefeilten Methoden tief in das Leben der DDR-Bürger eingriff. Die Staatssicherheit bildete das Herzstück eines Überwachungsstaates, der mit Hilfe eines perfiden und entmenschlichten Systems die eigene Bevölkerung einschüchterte und unterdrückte, unterstützt von einem Netzwerk von Spitzeln.

Die ab 1957 von Erich Mielke geleitete Stasi war eine Geheimpolizei, die selbst vor heimtückischen Morden und mysteriös inszenierten Unfällen zur Durchsetzung ihrer Ziele nicht zurückschreckte. Ihr Arm reichte sogar bis nach Westdeutschland. So überlebte der in die BRD geflüchtete Fußballtrainer Jürgen Berger nur mit Glück einen Giftanschlag.

Bei seiner Auflösung Ende 1989 zählte das Ministerium 91.000 hauptamtliche Mitarbeiter, hinzu kamen noch 189.000 Inoffizielle Mitarbeiter (IM). In den letzten Wochen der DDR vernichteten Stasimitarbeiter einen Großteil der Akten, weshalb erboste Bürger die Dienststellen stürmten. Die eiligst eingerichtete Behörde des Bundesbeauftragten für Stasiunterlagen sicherte und archivierte die noch vorhandenen Unterlagen und ermöglichte den Betroffenen Akteneinsicht.

Auf dem Gelände der einstigen Stasi-Zentrale in Berlin informiert heute ein Museum über die Funktion und die Arbeitsweise der Staatssicherheit, Erich Mielkes originalgetreue Diensträume inklusive.

Adresse Stasimuseum, Normannenstraße 20, Haus 1, 10365 Berlin | **Öffnungszeiten** Mo–Fr 10–18 Uhr, Sa und So 11–18 Uhr, www.stasimuseum.de | **Literaturtipp** Jens Gieseke: Die Stasi: 1945–1990.

84 Das Brentanobad

Soziotop zwischen Chlor und Pommes

Die Freibadkultur im deutschsprachigen Raum ist einzigartig. Egal, ob in Schleswig-Holstein oder in Bayern – in fast jeder Kleinstadt gibt es ein Freibad. Knapp 3.000 werden deutschlandweit gezählt. Als im 19. Jahrhundert in den ersten Dörfern und Städten Flussbadeanstalten angelegt wurden, konnte kaum jemand schwimmen. Aufgrund der zunehmenden Verschmutzung der Flüsse wurden zur Zeit der Weimarer Republik landesweit Sommerbäder gebaut, um die Sportertüchtigung und eine gesunde Lebensweise zu fördern. Während des Wirtschaftsbooms der 1960er und 1970er Jahre entstand in Westdeutschland eine flächendeckende Freibadlandschaft.

Das Freibad ist einer der wenigen Orte, an denen die Bevölkerung generationenübergreifend und aus allen sozialen Schichten vertreten ist. Ein besonderes Soziotop, ein Abbild der Gesellschaft. Ein Freiheitsversprechen, eine Mischung aus Ferien und Körperlichkeit, für Familien, Halbstarke, Sonnenanbeter und kraulende Kampfschwimmer. In Badehose und Badeanzug sind alle gleich. Das Freibad offenbart sich als demokratischer Ort und ist somit ein wichtiger Bestandteil der öffentlichen Daseinsvorsorge, ein Kulturgut.

Im Sommer 2023 geriet das Freibad durch gewalttätige Vorfälle in Verruf. Politiker forderten populistisch Schnellverfahren gegen vermeintlich migrantische Täter, obwohl jährlich in allen Freibädern deutlich weniger Straftaten verzeichnet werden als in den zwei Wochen auf dem Oktoberfest.

Das größte deutsche Freibad ist das Frankfurter Brentanobad. Es wurde 1966 an derselben Stelle eröffnet, an der 1930 bereits ein Flussschwimmbad in einem Altarm der Nidda existierte. Das unbeheizte Becken hat auf einer maximalen Breite von 50 Metern eine Länge von 220 Metern, mehr als die Hälfte des Beckens ist als Schwimmerbereich ausgewiesen. An heißen Sommertagen tummeln sich hier über 10.000 Menschen, schwimmen, spielen oder dösen in der Sonne.

Adresse Rödelheimer Parkweg, 60489 Frankfurt am Main, https://frankfurter-baeder.de/brentanobad/freibad | Literaturtipp Matthias Oloew: Schwimmbäder. 200 Jahre Architekturgeschichte des öffentlichen Bades.

85 Die Philosophenhütte

Schuld und Seinsvergessenheit

Martin Heidegger gehört zu den einflussreichsten Philosophen des 20. Jahrhunderts. Sein zentrales Konzept, die »Seinsfrage«, untersuchte die Art und Weise, wie Menschen in der Welt existieren, und thematisierte ihre Beziehung zu Zeit, Sprache und Technologie. Besonders eng war der 1889 in Meßkirch geborene Heidegger mit seiner südwestdeutschen Heimat verbunden. Er studierte und lehrte in Freiburg im Breisgau, einen Ruf nach Berlin lehnte er ab und begründete dies mit der »Bodenständigkeit« seines Denkens. Er liebte die Ruhe und Einsamkeit des Schwarzwalds, wo er in Todtnauberg eine einfache Holzhütte besaß. Hier zog er sich zum Arbeiten zurück und schrieb Teile seines Hauptwerks »Sein und Zeit«.

Doch Martin Heidegger war nicht nur ein genialer Philosoph. Exemplarisch verkörperte er den Typus des intellektuellen Mitläufers, der sich für die NS-Ideologie begeisterte und Teil der nationalsozialistischen Revolution werden wollte, um den deutschen Geist zu erneuern. Nach der Machtergreifung übernahm er 1933 das Amt des Rektors der Freiburger Universität, trat in die NSDAP ein und veranstaltete in Todtnauberg ein Seminar zur »nationalsozialistischen Umwälzung des Hochschulwesens«.

Aufgrund des Entnazifizierungsverfahrens wurde Heidegger die Lehrbefugnis bis zu seiner Emeritierung im Jahr 1951 entzogen. Dann erfolgte gemäß dem Zeitgeist der 1950er Jahre die Rehabilitierung des Philosophen, er wurde Mitglied der Heidelberger Akademie der Wissenschaften und Ehrenbürger seiner Geburtsstadt Meßkirch.

Niemals zeigte Heidegger ein Zeichen von Reue oder Distanzierung von seinen antisemitischen Überzeugungen. Im Juli 1967 kam es zu einer denkwürdigen Begegnung mit Paul Celan. Der Philosoph hatte den jüdischen Lyriker eingeladen, ihn in seiner legendären Hütte zu besuchen. Vergeblich hoffte Celan auf ein Schuldeingeständnis, Heidegger aber schwieg. Seinsvergessenheit?

Adresse Martin-Heidegger-Weg, 79674 Todtnauberg | Literaturtipp Hans-Peter Kunisch: Todtnauberg. Die Geschichte von Paul Celan, Martin Heidegger und ihrer unmöglichen Begegnung.

86 Der Schuss im Hinterhof

Die Ermordung von Benno Ohnesorg

Am 2. Juni 1967 herrschte in Berlin eine aufgeheizte politische Atmosphäre. Der Schah von Persien war zu einem Staatsbesuch eingetroffen, und mehr als 2.000 Menschen versammelten sich, um gegen das iranische Unrechtssystem zu protestieren. Schnell eskalierte die Situation: Die Demonstranten wurden eingekesselt und von der deutschen Polizei mit Unterstützung der persischen Prügelgarde brutal mit Schlagstöcken attackiert.

Zu den Teilnehmern der Protestkundgebung gehörte auch der 26-jährige Student Benno Ohnesorg, der in einem Hinterhof deeskalierend vermitteln wollte. Stattdessen wurde er von drei Beamten verprügelt, bevor ihn der Zivilpolizist Karl-Heinz Kurras ohne Warnung erschoss, und zwar aus kurzer Distanz, heimtückisch in den Hinterkopf. Der stark blutende Ohnesorg verstarb noch auf der Fahrt ins Krankenhaus.

Die Tragödie markierte einen Wendepunkt in der deutschen Geschichte und diente als Auslöser für weit reichende politische Veränderungen. Der Tod von Benno Ohnesorg führte zu einer Radikalisierung der westdeutschen Studentenbewegung, trug zur Entstehung der APO (Außerparlamentarische Opposition) bei und förderte eine kritische Haltung gegenüber staatlichen Autoritäten. Viele Menschen in Deutschland begannen, bestehende gesellschaftliche Strukturen zu hinterfragen und eine kritische Distanz zum Staat aufzubauen. Der Mord an Ohnesorg entsetzte, schockierte und politisierte die Studierenden. Die Bewegung 2. Juni und die Rote-Armee-Fraktion rechtfertigten ihre Radikalisierung unter Bezugnahme auf die Ermordung von Benno Ohnesorg, da der »faschistische westdeutsche Staat« in ihren Augen bekämpft werden müsse.

Karl-Heinz Kurras wurde freigesprochen, da seine Kollegen behaupteten, er habe in Notwehr gehandelt. Inzwischen steht zweifellos fest, dass er Ohnesorg unbedrängt und gezielt ermordet hatte.

Adresse Schillerstraße 29 (ehemals Krumme Straße 66), 10625 Berlin | **Literaturtipp** Uwe Soukup: Der 2. Juni 1967: Ein Schuss, der die Republik veränderte.

87 Die Gruppe 47

Die Bühne der Nachkriegsliteratur

Wie keine andere literarische Vereinigung hat die Gruppe 47 die literarischen Diskurse und den Kulturbetrieb der Bundesrepublik geprägt. Entstanden ist sie 1947 bei einem Treffen einer kleinen Literatengruppe am Bannwaldsee in Füssen. Unter der Leitung des Schriftstellers Hans Werner Richter wurde sie schnell zu einer der einflussreichsten Institutionen der deutschen Nachkriegsliteratur. Richter fungierte als Spiritus rector und »graue Eminenz«, war für Einladungen und Organisation verantwortlich. Hans Magnus Enzensberger sprach vom »Zentralcafé einer Literatur ohne Hauptstadt«. In der Folgezeit traf man sich halbjährlich an verschiedenen Orten, wobei nicht nur literarische Texte diskutiert und ein Literaturpreis verliehen, sondern auch wichtige politische Debatten angestoßen wurden.

Im Oktober 1967 war der oberfränkische Gasthof Pulvermühle drei Tage lang der Brennpunkt der bundesrepublikanischen Literaturszene. Mehr als 80 Schriftsteller, Kritiker und Publizisten, darunter so prominente Namen wie Günter Grass, Erich Fried und Günter Eich, aber auch Rudolf Augstein, Marcel Reich-Ranicki und Fritz J. Raddatz, waren dem Ruf von Hans Werner Richter in den Landgasthof in der Fränkischen Schweiz gefolgt. Bei Wurst, Bier und Natur war die Gruppenatmosphäre so intensiv wie schon lange nicht mehr. Neue Literatur stand auf dem Prüfstand, Jürgen Becker erhielt für seinen Text »Ränder« den Preis der Gruppe 47.

Die nächste Tagung, die in Prag geplant war, kam aufgrund der politischen Ereignisse des Prager Frühlings nicht mehr zustande. Fast ohne Vorwarnung zerfiel der lockere Zusammenschluss nahezu aller nennenswerten deutschen Nachkriegsautoren und Kritiker nach dem letzten Treffen in Waischenfeld. Der Ruf der Gruppe 47 lebte weiter, doch rückblickend wurde kritisiert, dass Exilautoren und Frauen keine Rolle gespielt hatten.

Adresse Pulvermühle 1, 91344 Waischenfeld | Öffnungszeiten www.pulvermuehle.de | Literaturtipp Helmut Böttiger: Die Gruppe 47. Als die deutsche Literatur Geschichte schrieb.

88 Das Knast-Camp

Die Geburtsstunde des Linksterrorismus

Andreas Baader, Gudrun Ensslin, Brigitte Mohnhaupt, Rolf Heißler, Juliane Plambeck, Irmgard Möller, Fritz Teufel und Dieter Kunzelmann – die Crème de la Crème der Roten-Armee-Fraktion sowie der Kommune 1 hatte sich im Juli 1969 im fränkischen Ebrach getroffen. Doch damals kannte sie noch niemand.

Vier Wochen bevor sich die Protestbewegung zum Woodstock-Festival in Amerika versammelte, gab es einen kleinen Vorläufer in Franken. Linke Aktivisten hatten dazu aufgerufen, vom 15. bis zum 19. Juli 1969 ein »Knast-Camp« im Steigerwald vor der Justizvollzugsanstalt Ebrach abzuhalten. Dort musste der 22-jährige Philosophiestudent Reinhard Wetter eine achtmonatige Jugendstrafe verbüßen, weil er in Polizeiuniform gegen die Überwachung von Vorlesungen durch Zivilbeamte demonstriert hatte. Man traf sich auf einer von einem Bauern bereitgestellten Wiese, hörte Musik, nahm Drogen und hatte viel Spaß, wie der »Bayernkurier« seinen Lesern zu berichten wusste: »Im Beisein von etwa 200 Personen treibt ein APO-Mädchen innerhalb weniger Minuten mit zwei Männern aus der Gruppe Geschlechtsverkehr.«

Zu den Teilnehmern des »Knast-Camps« gehörten zahlreiche Personen, die in den nächsten Jahren die bundesdeutsche Geschichte einschneidend prägten und veränderten. Neben den zuvor genannten war auch Alice Schwarzer vor Ort, die als junge Reporterin für die Zeitschrift »Pardon« über die Ereignisse schrieb. Die Teilnehmer protestierten mit Fahnen vor der JVA. In den folgenden Tagen kam es in Ebrach, Bamberg und an weiteren Orten zu Auseinandersetzungen mit der Polizei und der Bevölkerung, die durch die lokale Presse und Politiker wie Franz Josef Strauß weiter aufgeheizt wurden (»Dieser Terror muss jetzt endlich gebrochen werden!«). Das Knast-Camp war gescheitert und löste sich auf, doch einige Teilnehmer radikalisierten sich, was letztlich zur Gründung der RAF führte.

Adresse Justizvollzugsanstalt, 96157 Ebrach | Literaturtipp Thomas Kraft: Alles Tarnung.

89_Der Nationalpark

Vom Wald zum Urwald

Der Naturschutz hat in Deutschland einen hohen Stellenwert. Doch das war nicht immer der Fall. Bevor im Oktober 1970 rund um Rachel und Lusen im Bayerischen Wald der erste deutsche Nationalpark ausgewiesen wurde, mussten zahlreiche Widerstände überwunden, ein Konzept erarbeitet und unterschiedliche Ansichten über den Sinn und Zweck eines Nationalparks abgestimmt werden.

Heute, mehr als 50 Jahre später, kann der Erfolg des Projektes bewundert werden: Der Nationalpark Bayerischer Wald gilt als Modell-Nationalpark in einem dicht besiedelten Land. Ein Beispiel, das Schule gemacht hat: Von den Berchtesgadener Alpen bis zur Vorpommerschen Boddenlandschaft gibt es inzwischen 16 Nationalparks in Deutschland, die es sich zur Aufgabe gemacht haben, fragile Ökosysteme zu erhalten und gleichzeitig eine individuelle Naturerfahrung zu ermöglichen.

Nach seiner letzten Erweiterung erstreckt sich der Nationalpark Bayerischer Wald auf einer Fläche von knapp 25.000 Hektar bis an die Grenze zu Tschechien und ist ein bedeutender Faktor für den regionalen Tourismus. Der größte Teil des Nationalparks ist von natürlichem Bergwald bedeckt. Kreuz und quer liegen Stämme übereinander, gewaltige Wurzelteller ragen meterhoch empor. Kein Baum wird gefällt, kein Tier gejagt; der Mensch bleibt Zuschauer und darf die Kernzone des Nationalparks nur auf den ausgeschilderten Wegen erkunden. Nur vereinzelt und sanft steuernd wird in den Naturhaushalt eingegriffen.

Nirgendwo sonst in Deutschland existiert ein vergleichbares Waldökosystem. Zahlreiche Waldvogelarten leben im Verborgenen. Weit gefehlt, wer annimmt, der Nationalpark bestünde ausschließlich aus Wald. Auch Moore, Wiesen, Weiher, Bäche und Tümpel gehören dazu. Besonders eindrucksvoll sind die Hochmoore Klosterfilz und Großer Filz. Mit ihrer großen Artenvielfalt gehören sie, wie alle Hochmoore, zu den bedrohtesten Lebensräumen in Europa.

Adresse www.nationalpark-bayerischer-wald.bayern.de | **Literaturtipp** Hans Bibelriether: Natur Natur sein lassen. Die Entstehung des ersten Nationalparks Deutschlands: Der Nationalpark Bayerischer Wald.

90 Der Hosenskandal

Der lange Weg der Emanzipation

Als Lenelotte von Bothmer am 14. Oktober 1970 im Bundestag ans Rednerpult trat, löste sie einen Skandal aus. Die SPD-Politikerin wurde als »unanständig«, »würdeloses Weib« und »geschmacklos« beschimpft. Was war geschehen? Hatte die sechsfache Mutter mit ihrer Rede die Regeln der Parlamentsdebatte verletzt? Nichts dergleichen. Das Vergehen von Lenelotte von Bothmer bestand darin, dass sie es gewagt hatte, in einem beigen Hosenanzug ans Mikrofon zu treten.

Es war ein langer Weg, bevor überhaupt eine Frau Abgeordnete werden konnte. Frauenrechtlerinnen wie Hedwig Dohm und Clara Zetkin forderten schon im 19. Jahrhundert mehr Frauenrechte ein. Aber erst am 19. Januar 1919 wurde Frauen in Deutschland das aktive und passive Wahlrecht zugestanden. Einen Monat später hielt die SPD-Abgeordnete Marie Juchacz als erste Frau eine Rede in der Weimarer Nationalversammlung – selbstverständlich im Kleid.

Nachdem die Nationalsozialisten die Frauenrolle als Mutter und Hausfrau definiert hatten, dauerte es bis 1958, bis der Deutsche Bundestag ein Gleichberechtigungsgesetz verabschiedete. Zuvor konnte der Führerschein nur mit Zustimmung des Mannes erworben werden. Um ein eigenes Konto eröffnen zu dürfen, mussten sich Frauen bis 1962 gedulden, und bis 1977 konnte ein Mann das Arbeitsverhältnis seiner Frau kündigen, wenn er der Ansicht war, dies sei mit ihren Pflichten in Ehe und Familie nicht vereinbar. Die Vergewaltigung in der Ehe wurde erst 1997 zu einem Straftatbestand. Auch der Weg für Frauen, Fußball zu spielen, Marathon zu laufen oder zu boxen, war lang.

Leider ist die Gleichstellung von Mann und Frau in der Gegenwart noch nicht in allen Lebensbereichen vollständig umgesetzt. Frauen verdienen weniger, es gibt weniger Frauen in Spitzenpositionen in Unternehmen, Universitäten und der Politik. Und nur knapp über 30 Prozent aller Abgeordneten im Bundestag sind weiblich.

Adresse Platz der Vereinten Nationen, 53113 Bonn | Öffnungszeiten Führungen an ausgewählten Terminen Sa und So 14 und 15 Uhr | Literaturtipp Katja Berlin: Wofür Frauen sich rechtfertigen müssen. Die Welt von heute in satirischen Grafiken.

91 Der Kniefall

Schuld und Verantwortung

Es gibt historische Gesten, die sich tief in das kollektive Gedächtnis eingebrannt haben. Das Bild von Willy Brandts spontanem Kniefall in Warschau ging um die Welt und ist bis heute im öffentlichen Bewusstsein präsent.

Als Bundeskanzler war Willy Brandt am 7. Dezember 1970 nach Warschau gekommen, um einen Vertrag zwischen der Bundesrepublik Deutschland und Polen zu unterzeichnen und damit einer neuen Ostpolitik, einer Politik der Entspannung, den Weg zu ebnen – ein Konzept, das als »Wandel durch Annäherung« bekannt wurde. Brandt war der erste deutsche Regierungschef, der Polen nach dem Zweiten Weltkrieg besuchte. Im Rahmen des Programms hielt die deutsche Delegation am Mahnmal zum Gedenken an den Aufstand im jüdischen Ghetto, der 1943 von den Nazis blutig niedergeschlagen worden war. Ein symbolträchtiger Ort, der an die Gräueltaten des Nationalsozialismus an den Juden erinnert.

Wie schon zuvor am Grabmal des unbekannten Soldaten legte Willy Brandt einen Kranz nieder, richtete die Schleifen und trat einen Schritt zurück. Zur Überraschung aller Anwesenden sank er am Ehrenmal auf die Knie und verharrte mit vor dem Bauch gefalteten Händen sekundenlang. Brandts Geste war eine tiefe Verbeugung vor den Opfern des Holocaust und drückte die Bereitschaft aus, Verantwortung für die schrecklichen Verbrechen der Deutschen während des Zweiten Weltkrieges zu übernehmen. Brandt, der Exilant und überzeugte Antifaschist, bat um Vergebung. Stellvertretend kniete er für Deutschland. Sein Kniefall war ein Eingeständnis der deutschen Schuld an der Ermordung von sechs Millionen europäischen Juden und markierte einen der bedeutendsten Momente der deutschen Nachkriegsgeschichte. Gleichzeitig gelang durch den »Warschauer Vertrag« die deutsch-polnische Annäherung, die eine Anerkennung der Unverletztlichkeit der Grenzen ebenso festhielt wie die Gewaltfreiheit im Sinne der Vereinten Nationen.

Adresse Ludwika Zamenhofa, 00-153 Warszawa, Polen | Literaturtipp Christoph Schneider: Der Warschauer Kniefall. Ritual, Ereignis und Erzählung.

92 Die Olympischen Spiele

Terror im Olympiadorf

Die Olympischen Spiele 1972 in München sollten als heitere, moderne Spiele in Erinnerung bleiben. Die BRD wollte der Welt demonstrieren, ein offenes, demokratisches Land zu sein, nicht mehr vergleichbar mit dem Land, in dem das Propagandaministerium der NSDAP die Berliner Spiele von 1936 zur Selbstinszenierung genutzt hatte. Selbst die Architektur der olympischen Stätten vermittelte dieses Gefühl von Leichtigkeit und Offenheit. Es sollten friedvolle Spiele werden, ohne sichtbare Polizeipräsenz.

Doch es kam bekanntlich anders. Ganz anders. Am frühen Morgen des 5. September drangen bewaffnete Mitglieder der palästinensischen Terrororganisation »Schwarzer September« in das israelische Wohnquartier im Olympiadorf ein. Zwei Israelis wurden dabei getötet, weitere neun als Geiseln genommen. Die Terroristen forderten die Freilassung von über 200 inhaftierten Palästinensern, aber auch von RAF-Terroristen. Hektische Stunden mit Verhandlungen und Ultimaten folgten, wobei sowohl die Sicherheitsbehörden als auch die Olympia-Organisatoren überfordert waren. Am späten Abend wurde auf dem Fliegerhorst Fürstenfeldbruck ein schlecht vorbereiteter Befreiungsversuch unternommen, der in einer Katastrophe endete. Alle israelischen Geiseln und ein deutscher Polizist kamen ums Leben, drei Geiselnehmer überlebten. Obwohl die Olympischen Spiele zunächst fortgesetzt wurden, kam es nach Protesten zu einer Unterbrechung bis zum Nachmittag des 6. September. Ein Abbruch der Spiele wurde diskutiert, aber dann setzte sich die Meinung des IOC-Präsidenten Avery Brundage durch: »The games must go on.«

Die mangelnde Aufarbeitung der Ereignisse wird bis heute kritisiert. So mahnten die Angehörigen der ermordeten Sportler die Freigabe der entsprechenden Ermittlungsakten jahrzehntelang vergeblich an. Die Streitereien um eine angemessene Entschädigung der Hinterbliebenen konnten erst 2022 beigelegt werden.

Adresse Fliegerhorst Fürstenfeldbruck, 82216 Maisach | **Literaturtipp** Sven Felix Kellerhoff: Anschlag auf Olympia. Was 1972 in München wirklich geschah.

93__Das Tantris

Deutschlands erster Gourmettempel

Während den Franzosen die Namen ihrer bekanntesten Küchenchefs so geläufig sind wie die ihrer Fußballnationalspieler, hat es die Spitzengastronomie in Deutschland immer noch schwer. In einem Land, das dafür bekannt ist, dass beim Kauf von Lebensmitteln vor allem der günstigste Preis, jedoch nicht die Qualität zählt, stehen Gourmetrestaurants fälschlicherweise unter Generalverdacht, für schön dekorierte Teller zu viel Geld zu verlangen. Jedes Sternerestaurant umgibt ein Hauch von Dekadenz.

Noch Jahrzehnte nach dem Zweiten Weltkrieg war Deutschland ein kulinarisches Niemandsland zwischen Schweinebraten und Jägerschnitzel, Bratwürsten und Sauerkraut. Landauf, landab wurde in den Restaurants eine gutbürgerliche Küche mit großen Fleischportionen gepflegt. Die Haute Cuisine steckte östlich des Rheins noch in den Kinderschuhen, als der Bauunternehmer und Feinschmecker Fritz Eichbauer 1971 beschloss, in München ein Gourmetrestaurant namens Tantris zu eröffnen, und den Österreicher Eckart Witzigmann als Küchenchef verpflichtete. Bereits 1973 erkochte Witzigmann den ersten Michelin-Stern, ein Jahr später erhielt er seinen zweiten – die damals höchste in Deutschland vergebene Auszeichnung. Viele Prominente wie Gunter Sachs gehörten zu den Stammgästen. Das Tantris wurde zu einem Leuchtturm der Spitzengastronomie in Deutschland, und der spätere Dreisternekoch Witzigmann wurde zum bekanntesten Küchenchef des Landes. Witzigmann und seine zahlreichen Schüler sorgten dafür, dass es in Deutschland heute weit über 300 Restaurants gibt, die sich der Sternekochkunst verschrieben haben.

Das Tantris mit seinem 35.000 Flaschen umfassenden Weinkeller blieb auch unter seinem Nachfolger Hans Haas, der von 1991 bis 2020 Küchenchef war, ein Garant für Spitzengastronomie. Seit 2012 steht das Gebäude mit seinem originalgetreu restaurierten Innenraum unter Denkmalschutz.

Adresse Johann-Fichte-Straße 7, 80805 München | Öffnungszeiten Mi–Sa 12–16 und 18.30–24 Uhr, https://tantris.de | Literaturtipp Hans Haas: Tantris. Eine kulinarische Legende.

94 Der autofreie Sonntag

Leere Straße als Symbolpolitik?

Infolge des Jom-Kippur-Krieges zwischen Israel und Ägypten sowie Syrien drosselten die OPEC-Länder im Herbst 1973 die Erdölproduktion, was zu einem neuen Rekord beim Ölpreis und einer globalen Ölkrise führte. Schlagartig wurde den westlichen Industriestaaten die eigene Abhängigkeit von fossilen Energieträgern vor Augen geführt. Sowohl die chemische Industrie als auch die Eisen- und Stahlproduzenten litten unter den hohen Energiepreisen, während es an den Tankstellen zu Hamsterkäufen kam. Politiker und Wirtschaftsökonomen warnten vor einer tiefen Rezession in Europa.

Als Antwort auf die Ölkrise verabschiedete der Deutsche Bundestag im November mit breiter Mehrheit ein Energiesicherungsgesetz, das umfangreiche Sofortmaßnahmen ermöglichte. Dieses Gesetz bildete die Grundlage, um Einschränkungen im Handel mit Kohle und Öl zu beschließen. Die Temperatur in den Amtsräumen wurde heruntergeregelt, die Bevölkerung aufgefordert, weniger Energie zu verbrauchen ...

Die einschneidendste und einprägsamste Maßnahme war die Verkündung eines landesweiten Fahrverbots an vier autofreien Sonntagen, beginnend mit dem 25. November 1973. An allen anderen Tagen galt eine vorübergehende Höchstgeschwindigkeit von 100 Kilometern auf Autobahnen und 80 Kilometern auf Landstraßen. Die Bevölkerung staunte über leere Autobahnkreuze und verwaiste Fahrbahnen und nutzte die Gelegenheit für Spaziergänge auf dem Asphalt und ungestörte Fahrradausflüge.

Obwohl die Energieeinsparungen begrenzt waren, führte das sonntägliche Fahrverbot als Symbolpolitik zu einer Bewusstseinsbildung im Hinblick auf die Endlichkeit fossiler Energien. Der Allgemeine Deutsche Automobil Club (ADAC) sah das hingegen anders und forderte schon drei Monate nach den autofreien Sonntagen mit dem Slogan »Freie Fahrt für freie Bürger!« erfolgreich ein Ende der Geschwindigkeitsbegrenzung auf deutschen Autobahnen.

Literaturtipp Henning Türk: Energiesicherheit nach der Ölkrise. Die Internationale Energieagentur 1974–1985.

95 Der Stammheim-Prozess

Die RAF auf der Anklagebank

Der Prozess, der am 21. Mai 1975 in Stammheim im Norden Stuttgarts stattfand, war einer der längsten und aufwendigsten in der Geschichte der Bundesrepublik. Angeklagt waren die RAF-Mitglieder Andreas Baader, Ulrike Meinhof, Gudrun Ensslin und Jan-Carl Raspe. Den langjährig gesuchten Terroristen wurde vierfacher Mord und 54-facher versuchter Mord zur Last gelegt.

Die Sicherheitsvorkehrungen waren enorm. Um zu verhindern, dass die Angeklagten quer durch die Stadt zum Hauptgebäude des Oberlandesgerichts transportiert werden mussten, errichtete man auf dem Gelände der Justizvollzugsanstalt, in der die Angeklagten in Untersuchungshaft saßen, ein fensterloses Mehrzweckgebäude, das als Gerichtssaal diente. An jedem der 192 Prozesstage sicherten 400 bewaffnete Polizisten das Gelände ab.

Während der Gerichtsverhandlung kam es wiederholt zu hitzigen Wortgefechten zwischen dem Vorsitzenden Richter Theodor Prinzing, den Angeklagten und ihren Verteidigern, darunter Otto Schily, Hans-Christian Ströbele und Rupert von Plottnitz. Prinzing wurde von Baader »faschistisches Arschloch« genannt, und Meinhof bezeichnete ihn als »imperialistisches Staatsschwein«. Dem Gericht mangelte es an Souveränität, wodurch das Verfahren einen polizeistaatlichen Charakter erhielt. Nachdem Ulrike Meinhof sich im Mai 1976 am Fenstergitter erhängt hatte, ließ Prinzing zu, dass den Angeklagten Schmähbriefe mit Stricken und der Aufforderung zum Suizid ausgehändigt wurden. Da Prinzing unerlaubterweise Akten an die Berufungsinstanz weitergeleitet hatte, wurde er schließlich wegen Befangenheit abgelöst.

Der Prozess endete mit der Verurteilung von Baader, Ensslin und Raspe zu lebenslangen Haftstrafen wegen Mord. Das Urteil wurde allerdings nicht rechtskräftig, da sich auch Baader, Ensslin und Raspe zuvor in Stammheim das Leben genommen hatten, wobei wiederholt Zweifel an ihrem »Selbstmord« geäußert wurden.

Adresse Asperger Straße 60, 70439 Stuttgart |
Literaturtipp Stefan Aust: Der Baader-Meinhof-Komplex.

96 Der Palast der Republik

Erichs Lampenladen

Wie kaum ein anderer Ort verkörperte der von Erich Honecker als »antiimperialistisches« Symbol konzipierte Palast der Republik den Geist der DDR. Der von 1973 bis 1976 errichtete Prunkbau galt als »Schaufenster des Sozialismus«, war Sehnsuchtspalast und Denkmal für die Ost-Identität. Das Gebäude, das nach Plänen von Heinz Graffunder errichtet wurde, beherbergte den Sitz der Volkskammer, ein Theater, zahlreiche gastronomische Einrichtungen sowie einen sechseckigen Raum für Kulturveranstaltungen mit bis zu 4.500 Plätzen. Auf der Bühne standen nicht nur DDR-Bands wie die Puhdys und Karat, sondern auch Tangerine Dream, Harry Belafonte und Udo Lindenberg.

Aufgrund von Asbestverseuchung wurde der Palast im Jahr 1990 geschlossen und sollte saniert werden. Die 5.000 Haken in der Palastgarderobe mussten ebenso entsorgt werden wie die 120.700 Besteckteile der Restaurants und die 10.000 Kugelleuchten, wegen derer der Palast als »Erichs Lampenladen« verspottet wurde. Die Diskussion um Wiederaufbau oder Abriss schlug hohe Wellen. Westdeutschen Politikern wurde vorgeworfen, nicht nur den Asbest, sondern den gesamten Palast als gefährlichen Erinnerungsort des DDR-Regimes entsorgen zu wollen, ohne eine andere Nutzung ernsthaft zu diskutieren. Schließlich wurde der Abriss beschlossen und bis 2008 vollzogen.

Schnell gab es Stimmen, die an derselben Stelle den Wiederaufbau des 1950 von der DDR-Führung gesprengten Berliner Schlosses forderten. Was waren 20 Jahre Palast der Republik gegen 400 Jahre Hohenzollernmacht im Herzen der Stadt? Die Befürworter waren in der Mehrheit, wobei zu den Schlossfreunden auch prominente Ostdeutsche wie Wolfgang Thierse und Regine Hildebrandt gehörten. Ob die Rekonstruktion des Berliner Schlosses mit dem Humboldt Forum einen gelungenen Beitrag zur Berliner Stadtarchitektur und der Berliner Mitte darstellt, ist wieder eine andere Frage.

Adresse Humboldt Forum, Schloßplatz 1, 10178 Berlin | Literaturtipp Elke Neumann und Jörg-Uwe Neumann: Palast der Republik – Utopie, Inspiration, Politikum.

97 Der Atommüll

Der Erfolg der Protestbewegung

Gorleben. Der Name der niedersächsischen Gemeinde ist bis heute untrennbar mit den Protesten der Atomkraftgegner verbunden.

Im Februar 1977 verkündete Niedersachsens Ministerpräsident Ernst Albrecht von der CDU, dass im Wendland bei Gorleben ein nationales Endlager für hochradioaktiven Atommüll entstehen und eine Wiederaufbereitungsanlage errichtet werden sollte. Diese Entscheidung löste einen Aufschrei unter Atomkraftgegnern aus und führte zu einer jahrzehntelangen politischen Debatte. Die Auswahl des Salzstocks bei Gorleben war nicht besonderen Standortfaktoren geschuldet, sondern vor allem der geopolitischen Randlage im dünn besiedelten damaligen Zonenrandgebiet an der innerdeutschen Grenze.

Bereits im März 1977 demonstrierten Tausende gegen den Bau des Atommülllagers. Nachdem die Proteste nicht nachließen und 1979 Atomkraftgegner aus dem Wendland in einem einwöchigen Treck in die Landeshauptstadt Hannover zogen, wo fast 100.000 Menschen zur Abschlusskundgebung kamen, verkündete die Landesregierung, auf den Bau zu verzichten. Doch es kehrte keine Ruhe ein, da an den Plänen eines Endlagers im Salzstock Gorleben festgehalten und mit der Errichtung eines Brennelemente-Zwischenlagers begonnen wurde. Das Hüttendorf »Republik Freies Wendland« wurde vom Bundesgrenzschutz und der Polizei geräumt.

Als im April 1995 erstmals hochradioaktives Material in Castor-Behältern nach Gorleben transportiert wurde, führte dies zu gewalttätigen Auseinandersetzungen zwischen Polizei und Demonstranten. Seither rollten 13 Castor-Transporte ins Wendland. Der letzte im Jahr 2011, was zu massiven Protesten führte, da die Reaktor-Katastrophe im japanischen Fukushima erst wenige Monate zurücklag. Der Widerstand hat sich gelohnt: Seit September 2020 steht fest: Der Salzstock in Gorleben kommt nicht als Standort für ein deutsches Endlager für hochradioaktiven Atommüll in Frage.

Adresse Lüchower Straße 8, 29475 Gorleben | Literaturtipp Detlef Schmiechen-Ackermann u. a. (Hrsg.): Der Gorleben-Treck 1979. Anti-Atom-Protest als soziale Bewegung und demokratischer Lernprozess.

98 Die Wiese

Flucht mit dem Ballon

Die Grenzschutzanlagen der DDR hatten laut SED-Propaganda das Ziel, die Landesverteidigung zu gewährleisten, aber vor allem sollten sie die Republikflucht verhindern und der Abschreckung dienen. Zwischen dem Bau der Mauer und dem Jahr 1989 haben rund 220.000 Menschen die DDR ohne Genehmigung der Behörden verlassen, darunter waren auch 40.000 »Sperrbrecher«, die unter Gefahr für Leib und Leben in die Bundesrepublik gelangten. Es gibt jedoch keine genaue Zahl zu den Todesopfern an der innerdeutschen Grenze, wissenschaftliche Studien gehen von 260 bis 327 Opfern aus, hinzu kommen mindestens 130 Menschen, die beim Fluchtversuch über die Ostsee ertranken. Andere Schätzungen gehen von insgesamt über 600, vorwiegend männlichen Toten aus, denn nicht jeder »Herzanfall« bei einer Grenzkontrolle muss medizinische Ursachen gehabt haben.

Zu den spektakulärsten Fluchten gehörte sicherlich die Ballonfahrt, die die Familien Strelzyk und Wetzel unternahmen. Mit einem aus Stoffbahnen selbst genähten Heißluftballon wagten die Familien mit ihren jeweils zwei Kindern die Flucht. Als Gondel diente eine hölzerne Plattform, deren Eckpfosten mit einer Wäscheleine verbunden waren. Vier Propangasflaschen und ein Brenner füllten den Ballon mit heißer Luft.

Gestartet wurde in der Nacht des 16. September 1979 zwischen Oberlemnitz und Heinersdorf in Thüringen. Der Wind stand günstig, und schnell erreichte der Ballon eine Höhe von 2.000 Metern und konnte unbemerkt die Grenze passieren. Innerhalb von 28 Minuten überwanden die acht Ballonfahrer eine Distanz von 18 Kilometern. Nachdem das Gas verbraucht war, landete der Ballon auf einer Wiese in der Nähe des oberfränkischen Naila. Die Familien versteckten sich zunächst in einem Waldstück, da sie sich nicht sicher waren, ob sie die Bundesrepublik erreicht hatten. Als die Männer das Gelände erkundeten, stießen sie zufällig auf eine westdeutsche Polizeistreife!

Adresse 50°28'59.05"N, 11°35'28.82"E, www.ballonflucht.de | Literaturtipp Florian Bickmeyer, Jochen Brenner, Stefan Kruecken: Nur raus hier! 18 Geschichten von der Flucht aus der DDR. 18 Geschichten gegen das Vergessen.

99_Das Oktoberfest

Volkskultur im Dauerrausch?

Für den ehemaligen bayerischen CSU-Ministerpräsidenten Horst Seehofer war das Münchner Oktoberfest nach den christlichen Feiertagen das wichtigste Ereignis im Freistaat. Münchens zweiter Bürgermeister, Dominik Krause von den Grünen, erntete viel Kritik, als er 2023 feststellte: »Wir leben in der Stadt mit der weltweit größten offenen Drogenszene, nämlich dem Oktoberfest.«

Das Oktoberfest ist viel mehr als Bier, Brezen und ausgelassene Stimmung. Es fungiert als Spiegel und Projektionsfläche des jeweiligen Zeitgeistes. Anlässlich der Hochzeit von Kronprinz Ludwig von Bayern und Prinzessin Therese im Jahr 1810 fand in München ein Pferderennen statt, aus dem sich bis Ende des 19. Jahrhunderts das heutige Volksfest entwickelte. Bier durfte erst seit 1880 auf der »Wiesn« ausgeschenkt werden, das erste große Festzelt, in dem eine Blaskapelle spielte, wurde 1898 errichtet. Anfangs wurde das Oktoberfest hauptsächlich von Einheimischen besucht, heute ist es als Tourismusmotor mit 7,2 Millionen Gästen ein wichtiger Wirtschaftsfaktor für München und Bayern. Bis in die frühen 1990er Jahre trug kaum ein Besucher Tracht. Dirndl und kurze Lederhosen waren zuvor den bäuerlichen Besuchern vorbehalten. Heute ist die Wiesn ein gesellschaftliches Ereignis.

Ein düsteres Kapitel in der Geschichte des Oktoberfests ist das Jahr 1980. Am Abend des 26. September ereignete sich am Haupteingang ein schreckliches Bombenattentat mit 13 Toten und mehr als 200 Verletzten. Es war bis dahin der blutigste Terroranschlag in der Geschichte der Bundesrepublik. Der Attentäter, der ebenfalls ums Leben kam, war Mitglied der neonazistischen Wiking-Jugend und der Wehrsportgruppe Hoffmann gewesen. Aufgrund von Ermittlungsfehlern und mangelndem Aufklärungswillen der bayerischen Behörden bleibt die Alleintäterthese bis heute umstritten. Manche vermuteten ein rechtsextremes Netzwerk hinter dem Attentat.

Adresse Theresienwiese München | Literaturtipp Ulrich Chaussy: Oktoberfest. Das Attentat: Wie die Verdrängung des Rechtsterrors begann.

100 Das KOMM

Die größte Massenverhaftung in der Geschichte der BRD

Der 5. März 1981 war ein nasskalter Tag mit vereinzelten Schneeregenschauern. Im Festsaal des KOMM, einem selbstverwalteten Kommunikationszentrum, das konservativen Politikern schon immer ein Dorn im Auge gewesen war, wurde am Abend ein Film über die Besetzung von Häusern in den Niederlanden gezeigt. Im Anschluss kam es zu einer spontanen Minidemonstration gegen die Vernichtung von Wohnraum in der Nürnberger Innenstadt, bei der sechs Schaufensterscheiben zu Bruch gingen. Der entstandene Sachschaden belief sich auf 20.000 bis 30.000 Mark. Der Demonstrationszug löste sich auf, die meisten Teilnehmer kehrten ins KOMM zurück, wo sich noch andere Gäste aufhielten, die einen Schreinerkurs besucht hatten oder Billard spielten.

So weit, so schlecht. Aber was unternahm die bayerische Polizei, die die Demonstration begleitet, aber keinen Rädelsführer verhaftet hatte? Sie riegelte das gegenüber dem Hauptbahnhof gelegene Gebäude ab. Die Staatsregierung wollte ein Exempel statuieren. In den frühen Morgenstunden wurden alle Personen, die sich noch im KOMM aufhielten, abgeführt. Die Staatsanwaltschaft erließ 141 gleichlautende Haftbefehle aufgrund von Flucht- und Verdunkelungsgefahr nach Landfriedensbruch. Nur wenige Festgenommene wurden umgehend wieder freigelassen. Die Mehrheit der vorwiegend jugendlichen KOMM-Besucher wurde auf verschiedene bayerische Gefängnisse verteilt, in denen sie bis zu drei Wochen inhaftiert blieben.

In Westdeutschland führte diese größte Massenverhaftung seit Kriegsende zu lautstarken Protesten und großer Empörung. In Nürnberg versammelten sich vor der Lorenzkirche 10.000 Menschen zu einer Kundgebung, auf der der damalige Kulturreferent Hermann Glaser die Verhaftungen als einen »Polizei-, Justiz- und jugendpolitischen Skandal« anprangerte. Die Verfahren wurden Monate später eingestellt, die Kosten musste die Staatskasse tragen.

Adresse Königstraße 93, 90402 Nürnberg | Literaturtipp Hermann Glaser (Hrsg.): Die Nürnberger Massenverhaftung. Dokumente und Analysen.

101 Die Friedensdemo

Für ein atomwaffenfreies Europa

Infolge des Zweiten Weltkriegs und der atomaren Bedrohungen des Kalten Krieges entstand in der BRD Ende der 1970er Jahre eine Friedensbewegung mit neuen, von weiten Teilen der Bevölkerung getragenen Ausdrucksformen des Protests. Das politische Klima war aufgeladen, da die NATO mit ihrem 1979 verabschiedeten Doppelbeschluss plante, neue atomare Mittelstreckenraketen vom Typ Pershing II in Europa zu stationieren. Die Befürchtungen wuchsen, dass dies zu einer Eskalation der Spannungen zwischen den Supermächten führen könnte.

Am 10. Oktober 1981 versammelten sich rund 300.000 Menschen im Bonner Hofgarten und forderten ein atomwaffenfreies Europa. Menschen unterschiedlichster Hintergründe, darunter Aktivistinnen, Schriftsteller wie Heinrich Böll, Gewerkschafter und Politiker wie Petra Kelly und Erhard Eppler, waren nach Bonn gefahren. Transparente, Plakate und Reden zeugten von ihrem gemeinsamen Wunsch nach einer Welt ohne atomare Bedrohung.

Die gewaltfreie Friedensdemonstration im Hofgarten war die erste bedeutende Großveranstaltung gegen die atomare Aufrüstung und wurde zu einem Symbol des Engagements für eine friedliche Zukunft und zur Mahnung an die politischen Entscheidungsträger, den Weg der Diplomatie und Abrüstung einzuschlagen. Weitere Großdemonstrationen folgten wenige Wochen später in Brüssel und Amsterdam. Im Herbst 1983 demonstrierten in Bonn, Berlin und anderswo weit mehr als eine Million Menschen. Zwischen Stuttgart und Ulm bildete sich eine Menschenkette.

Trotz der Proteste wurden die neuen Atomraketen aufgestellt. Doch aufgrund internationaler Abkommen zur Abrüstung und zur Rüstungsbegrenzung entspannte sich die politische Lage Ende der 1980er Jahre. Die Friedensbewegung verlor an Einfluss, heute mehren sich durch den Ukraine-Krieg die Stimmen für eine erneute Aufrüstung.

Adresse Hofgarten, 53113 Bonn | Literaturtipp Christoph Becker-Schaum u. a.: »Entrüstet Euch!«. Nuklearkrise, NATO-Doppelbeschluss und Friedensbewegung.

102 Der Windpark

Grüne Energie

Die Ereignisse von Tschernobyl, Fukushima und die jüngste Energiekrise infolge des Ukrainekriegs haben den Deutschen nachdrücklich vor Augen geführt, dass ihre Energieversorgung nicht länger als gesichert betrachtet werden kann. Angesichts der Klimakrise werden fossile Energieträger wie Kohle, Erdöl und Erdgas als umweltschädliche Auslaufmodelle angesehen. Die Kernenergie ist aufgrund ihrer Risiken und der Endlagerproblematik sehr umstritten, während erneuerbare Energieträger wie Windkraft, Biogas, Fotovoltaik und Wasserkraft als die Zukunft der Energiegewinnung gelten.

Vor diesem Hintergrund kann man sich nur schwerlich vorstellen, dass erstmals am 24. August 1987 ein Windpark ans Stromnetz angeschlossen wurde. Der schleswig-holsteinische Ministerpräsident Uwe Barschel war persönlich in die kleine Gemeinde Kaiser-Wilhelm-Koog an der Elbmündung gekommen, um den Schalter umzulegen. Die 30 Rotoren sollten jährlich zwei Millionen Kilowattstunden Energie produzieren, was den Bedarf von über 400 Haushalten decken würde, wie die Medien stolz berichteten.

Kaum jemand hätte damals erwartet, dass sich die Windkraft in Deutschland innerhalb von knapp vier Jahrzehnten zu einem bedeutenden Wirtschaftsfaktor entwickeln und die damaligen Erwartungen um ein Vielfaches übertreffen würde. Schleswig-Holstein hat im Jahr 2016 erstmals mehr Strom aus erneuerbaren Energien erzeugt, als im Land verbraucht wurde, wobei die Windkraft mit vier Fünfteln der wichtigste Energieträger ist.

Bundesweit ist die Energiewende in vollem Gange. Der Anteil der erneuerbaren Energien am Stromverbrauch betrug 2023 über die Hälfte. Mit der steigenden Anzahl von Windrädern mehren sich kritische Stimmen, die die Verschandelung des Landschaftsbildes, die lauten Betriebsgeräusche und die Gefahr für Vögel durch die drehenden Rotoren beklagen.

Adresse 25709 Kaiser-Wilhelm-Koog | Literaturtipp Christian Holler (Hrsg.): Erneuerbare Energien zum Verstehen und Mitreden.

103 Die Nikolaikirche

Die Montagsdemonstrationen

Die Leipziger Montagsdemonstrationen spielten eine wichtige Rolle auf dem Weg zum Fall der Mauer. Schon seit 1982 trafen sich in der Leipziger Nikolaikirche jeden Montag Menschen zu Friedensgebeten. Eine friedliche Form des Protestes gegen das herrschende Regime. Doch nach der ungarischen Grenzöffnung im Mai 1989 wurde die Kritik an den Verhältnissen lauter, und die Prostierenden wurden mutiger.

Im Anschluss an das Gebet vom 4. September 1989 entrollten 1.200 Menschen auf dem Vorplatz der Nikolaikirche Transparente, auf denen Forderungen wie »Für ein offenes Land mit freien Menschen« oder »Reisefreiheit statt Massenflucht« standen. Trotz Versuchen der Staatssicherheit, die Proteste zu unterdrücken, fand in der darauffolgenden Woche erneut eine Demonstration in Leipzig statt, bei der es zu Verhaftungen kam.

Schnell wuchs die Zahl der Protestierenden. Begleitet von den Parolen »Wir sind das Volk« und »Wir wollen raus«, entwickelten sich die Montagsdemonstrationen zu einer Massenbewegung. Westdeutsche Medien spielten ebenfalls eine entscheidende Rolle, da sie Bilder von den Protestmärschen verbreiteten. Bald darauf forderten Menschen auch in anderen ostdeutschen Städten wie Dresden, Karl-Marx-Stadt, Magdeburg oder Schwerin eine umfassende Reformpolitik. Der Druck der Straße wurde wöchentlich stärker. Am 9. Oktober demonstrierten trotz großer Präsenz der Staatssicherheit, des Militärs und der Volkspolizei 70.000 Menschen, und schließlich versammelten sich am 23. Oktober 320.000 Protestierende in Leipzig!

Die Friedfertigkeit der Demonstranten trug maßgeblich dazu bei, dass das SED-Regime seine Macht verlor. Erich Honecker musste zurücktreten, Egon Krenz kündigte Reformen an, dann fiel überraschenderweise am 9. November 1989 die Mauer. Die Protestmärsche endeten im März 1990. Bürgerrechtsgruppen wie »Demokratie Jetzt«, »Demokratischer Aufbruch« und das »Neue Forum« entstanden.

Adresse Nikolaikirchhof 3, 04109 Leipzig | Literaturtipp Peter Wensierski: Die unheimliche Leichtigkeit der Revolution. Wie eine Gruppe junger Leipziger die Rebellion in der DDR wagte.

104_Der Balkon

Die Ausreise aus der Prager Botschaft

Am Abend des 30. September 1989 trat Außenminister Hans-Dietrich Genscher auf den Balkon des Palais Lobkowicz in Prag und verkündete: »Liebe Landsleute ... wir sind zu Ihnen gekommen, um Ihnen mitzuteilen, dass heute Ihre Ausreise ...«

Der Rest seiner Ankündigung (»... möglich geworden ist.«) ging in den Jubelschreien der 4.000 wartenden Flüchtlinge unter. Seit Mitte August 1989 hatten die ersten DDR-Bürger den vier Meter hohen Zaun der bundesdeutschen Botschaft überwunden, um auf das Gelände zu gelangen. Jeden Tag waren es mehr geworden. In der Hoffnung, nach Westdeutschland ausreisen zu können, hatten schließlich Tausende Menschen aus der DDR wochenlang im Garten der deutschen Botschaft kampiert und ausgeharrt, was zu chaotischen Zuständen und katastrophalen hygienischen Bedingungen geführt hatte.

Der Druck auf die SED-Führung und die westdeutsche Diplomatie war enorm. Am Rande der UN-Vollversammlung in New York gelang es Genscher mit Unterstützung seines sowjetischen Amtskollegen Eduard Schewardnadse, eine Lösung zu finden, die die Ostberliner Regierung notgedrungen akzeptierte. Es wurde vereinbart, dass die Botschaftsflüchtlinge in Sonderzügen mit einem Umweg über die DDR in die Bundesrepublik Deutschland gebracht und von westdeutschen Diplomaten begleitet werden sollten. Der Umweg war ein Zugeständnis an die SED-Führung, die so den Anschein einer regulären Ausreise wahren konnte. Innerhalb weniger Tage stürmten erneut Tausende von Ausreisewilligen das Botschaftsgelände, woraufhin die DDR eine Visumspflicht einführte und die Kontrollen an der »grünen Grenze« vom Erzgebirge zur Tschechoslowakei verschärfte.

Der Wunsch nach (Reise-)Freiheit und Demokratie hat in Prag die Weltgeschichte verändert. Die Ereignisse waren ein Meilenstein auf dem Weg zum Mauerfall und ein wichtiger Impuls für die Tschechen und Slowaken, gegen die Diktatur im eigenen Land aufzubegehren.

Adresse Botschaft der Bundesrepublik Deutschland, Vlašská 19, 118 00 Praha 1, Malá Strana, Tschechien | Literaturtipp Hans-Dietrich Genscher u. a.: Zündfunke aus Prag. Wie 1989 der Mut zur Freiheit die Geschichte veränderte.

105 Der Deidesheimer Hof

Saumagendiplomatie

Helmut Kohl galt schon zu Beginn seiner Politikerlaufbahn als ein Mann aus der Provinz, später als Bundeskanzler pflegte er dieses Kleinbürger-Image bewusst, so auch bei seinen legendären Urlauben am österreichischen Wolfgangsee. Der »Pfälzer Bub« war sehr heimatverbunden, er wohnte die längste Zeit seines Lebens in Oggersheim und liebte die regionalen Spezialitäten wie den Saumagen.

Während seiner Amtszeit als Bundeskanzler (1982–1998) reiste Helmut Kohl mit seinen Staatsgästen durch seine pfälzische Heimat, zeigte ihnen den Speyrer Dom und die lokalen Weinberge. Um diplomatische Themen in ungezwungener Atmosphäre zu besprechen, lud er seine Gäste vorzugsweise in den Deidesheimer Hof ein, einen historischen Gasthof, der für sein Gourmetrestaurant bekannt war und ist.

Bei diesen Treffen wurden stets regionale Köstlichkeiten serviert, darunter immer ein veredelter Pfälzer Saumagen. Dieser besteht traditionell aus gewürztem Schweinefleisch, Brät und Kartoffeln, das Gemisch gart man wie eine Brühwurst in einem Schweinemagen. Anschließend wird der Saumagen in Scheiben geschnitten und in Butter knusprig braun gebraten. Als Beilage wird Sauerkraut und Kartoffelbrei gereicht.

In den holzvertäfelten Räumlichkeiten des Deidesheimer Hofes, seinem zweiten Wohnzimmer, waren schon der spanische König Juan Carlos I., Michail Gorbatschow und Boris Jelzin, die britische Premierministerin Margaret Thatcher und der französische Staatspräsident Jacques Chirac zu Gast. Geschickt nutzte Helmut Kohl das biedere Ambiente ohne repräsentativen Pomp, betörte seine Gäste mit pfälzischer Lebensart und überzeugte sie davon, dass das wiedervereinte Deutschland genauso gemütlich sein würde wie die bodenständige Pfalz. Zu den Männern hat er schnell einen Draht gefunden. Nur die Eiserne Lady ließ sich nicht um den Finger wickeln.

Adresse Marktplatz 1, 67146 Deidesheim | Öffnungszeiten www.deidesheimerhof.de | Literaturtipp Patrick Bahners: Helmut Kohl. Der Charakter der Macht.

106 Die Vertragsunterkunft

Rechtsextreme Ausschreitungen

Die Bilder aus der sächsischen Stadt Hoyerswerda, die die Nachrichtenagenturen und die Fernsehsender nach dem 17. September 1991 verbreiteten, waren mehr als schockierend: Ein geifernder rechtsradikaler Mob hatte sich vor einer Wohnunterkunft für Vertragsarbeiter aus Mosambik und Vietnam in der Albert-Schweitzer-Straße versammelt und bewarf das Haus mit Steinen.

Der Angriff war keineswegs aus dem Nichts gekommen. Bereits im Juni 1991 hatte sich eine rechtsextreme »Bürgerwehr« gegründet, und Ende August wurde ein Wohnlager für Asylbewerberinnen in Brand gesteckt. Der Polizei gelang es am Abend des 17. September, die Lage unter Kontrolle zu bringen. Doch bereits am nächsten Tag versammelten sich bis zu 500 gewaltbereite Rechtsradikale, angefeuert von Schaulustigen und Anwohnern, um die Wohnunterkunft erneut mit Molotowcocktails und Steinen anzugreifen. Skandalöserweise ließ die Polizei den rechtsradikalen Pöbel bis zum 20. September gewähren, ohne einzugreifen, während sich die Menschen in Todesangst in dem Gebäude verschanzt hatten. Anschließend zog der Mob weiter zu einem Asylbewerberheim in der Thomas-Müntzer-Straße, in dem mehr als 200 Flüchtlinge lebten. Es dauerte bis zum 23. September, bis die Behörden das Gebäude evakuierten.

Während sich die Rechtsradikalen über ein vermeintliches »ausländerfreies« Hoyerswerda freuten, war bundesweit das Entsetzen groß, besonders über das vollkommene Versagen der Polizei und des sächsischen Innenministers Rudolf Krause von der CDU. Insgesamt wurden bei den Ausschreitungen 32 Menschen verletzt, und es grenzt an ein Wunder, dass niemand zu Tode kam. Von den 84 Festgenommenen wurden nur vier Gewalttäter verurteilt!

Die Vorfälle von Hoyerswerda markierten den Beginn einer Serie von rechtsextremen Gewalttaten, die sich in den nächsten Jahren in Städten wie Rostock-Lichtenhagen, Mölln oder Solingen ereigneten.

Adresse Albert-Schweitzer-Straße 21, 02977 Hoyerswerda |
Literaturtipp Grit Lemke: Kinder von Hoy. Freiheit, Glück und Terror.

107 Die NSU-Morde

Rechter Terror und staatliches Versagen

Die Ermordung des türkischen Blumenhändlers Enver Şimşek am 9. September 2000 im Nürnberger Südosten war der Auftakt einer Serie von neun rassistisch motivierten Morden sowie dem Mord an einer Polizistin, die eine völlig neue Dimension des Rechtsterrorismus in Deutschland offenbarte. Abdurrahim Özüdoğru, Süleyman Taşköprü, Habil Kılıç, Mehmet Turgut, İsmail Yaşar, Theodoros Boulgarides, Mehmet Kubaşık, Halit Yozgat und Michèle Kiesewetter sind die Namen der anderen Opfer, die bis 2007 heimtückisch ermordet wurden.

Im Rückblick auf diese feigen und rassistisch motivierten Mordtaten entsetzt das Ermittlungsversagen der staatlichen Behörden. Jahrelang ging die Polizei davon aus, dass es sich um Verbrechen im Rahmen der organisierten Rauschgiftkriminalität mit Verbindungen in die Türkei handelte. Trotz zahlreicher Hinweise wurde ein möglicher Bezug zum rechten Terror ignoriert. Vor allem für die Angehörigen der Opfer waren die Ermittlungen erniedrigend, weil sie verdächtigt wurden, selbst in die Mordtaten verstrickt zu sein. Erst als sich im November 2011 zwei »Bankräuber« auf der Flucht in ihrem Wohnmobil erschossen hatten, wurde Zug um Zug der rechtsextreme Hintergrund der Mordserie deutlich, der weitere 43 Mordversuche, drei Sprengstoffanschläge und 15 Raubüberfälle zugeordnet wurden.

Die Haupttäter Uwe Mundlos, Uwe Böhnhardt und Beate Zschäpe waren seit Jahren in der Thüringer Neonazi-Szene aktiv und lebten seit 1998 im Verborgenen. Sie bildeten den Kern des NSU (Nationalsozialistischer Untergrund), hatten aber zahlreiche Unterstützer im rechtsextremen Milieu. Im Juli 2018 wurde Zschäpe zu lebenslanger Haft verurteilt, vier weitere Mitangeklagte erhielten mehrjährige Haftstrafen. Die Verstrickungen der Sicherheitsbehörden in den NSU-Komplex mittels V-Personen bleiben ungeklärt. Kritisiert wurde, dass Hinweisen auf weitere Mittäter nicht konsequent nachgegangen wurde.

Adresse Liegnitzer Straße, 90475 Nürnberg | Literaturtipp Tanjev Schultz: NSU. Der Terror von rechts und das Versagen des Staates.

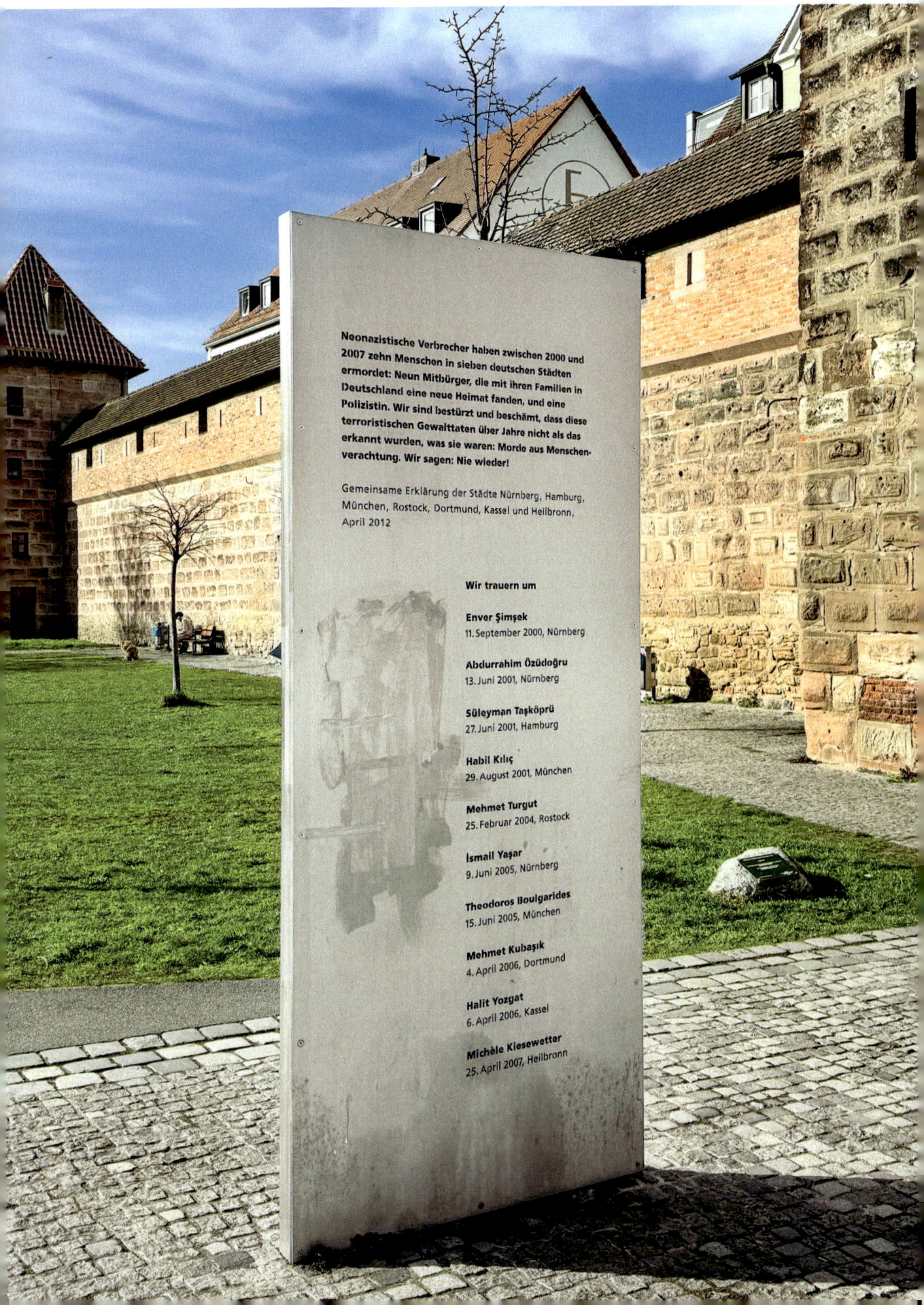

108 Das Geburtshaus von Joseph Ratzinger

Wir sind Papst

»Wir sind Papst«, titelte die »Bild«-Zeitung am 20. April 2005 und feierte die Wahl des deutschen Kardinals Joseph Ratzinger zum Oberhaupt der römisch-katholischen Kirche. Es war das erste Mal seit Jahrhunderten, dass wieder ein Deutscher auf dem Heiligen Stuhl saß. Die prägnante Schlagzeile war Ausdruck des Stolzes und der Euphorie, die die meisten konservativen Katholiken erfasste. Reformorientierte Kräfte und die Vertreter des Globalen Südens waren hingegen schwer enttäuscht.

Mit der Wahl zum Papst Benedikt XVI. vollendete sich Ratzingers einzigartige Kirchenkarriere, die mit seiner Priesterweihe 1951 begonnen hatte. In seiner Anfangszeit als Theologieprofessor galt Josef Ratzinger als liberaler Vordenker, doch im Zuge der 1968er-Bewegung veränderte er seine Haltung radikal und wurde zum konservativen Dogmatiker. Er wurde Erzbischof von München und Kardinal. Als Präfekt der Kongregation für die Glaubenslehre wirkte er ab 1981 als ein strenger Nachfolger der römischen Großinquisitoren.

Als das Konklave am 19. April 2005 den Namen des neuen Pontifex maximus verkündete, war die Freude im oberbayerischen Marktl besonders groß. Umgehend gründete sich eine Stiftung, die das 300 Jahre alte Mauthaus erwarb, in dem Joseph Aloisius Ratzinger am 16. April 1927 als jüngstes Kind einer sehr religiösen Familie das Licht der Welt erblickte.

Am 11. Februar 2013 schrieb Benedikt XVI. erneut Geschichte, als er als erster Papst nach Coelestin V. (1294) verkündete, »auf das Amt des Bischofs von Rom zu verzichten«. Das Andenken des am 31. Dezember 2022 verstorbenen Papstes wird von seiner Rolle bei den Missbrauchsfällen überschattet. Deutsche Bischöfe beklagten sein Verhalten und forderten vergeblich ein öffentliches Schuldeingeständnis.

Adresse Marktplatz 11, 84533 Marktl am Inn | Öffnungszeiten April–Sep. Mo, Mi, Do 10–12 und 14–16.30 Uhr, Sa und So 10–16.30 Uhr, www.papsthaus.eu | Literaturtipp Christian Feldmann: Papst Benedikt XVI. Eine kritische Biographie.

109 Das Denkmal für die ermordeten Juden Europas

Kontroverse Erinnerungskultur

Die nationalsozialistische Rassenpolitik und der systematische NS-Massenmord forderten bis 1945 das Leben von rund sechs Millionen Menschen, hauptsächlich europäischer Juden. Das Gedenken an die Opfer und die angemessene Erinnerung an den Holocaust sind Teil der deutschen Geschichte – dies hat im Laufe der Jahrzehnte zu den unterschiedlichsten Debatten geführt, etwa den von Ernst Nolte und Jürgen Habermas 1986 ausgelösten Historikerstreit um die Singularität des Holocaust.

Seit den 1990er Jahren besteht ein breiter gesellschaftlicher Konsens über die deutsche Verantwortung für die Verbrechen des Nationalsozialismus. Die Erinnerung an den Holocaust und den Vernichtungskrieg gehört seitdem zum Kern der deutschen Staatsräson, einschließlich der Solidarität mit Israel.

In diesem Kontext ist der Bau des »Denkmals für die ermordeten Juden Europas« zu sehen, das oft auch als Holocaust-Mahnmal bezeichnet wird. Es folgten unzählige Diskussionen über Sinn, Zweck und Aussehen eines solchen Denkmals. Der Bundestag stimmte schließlich 1999 zu, den Entwurf des Architekten Peter Eisenman und des Künstlers Richard Serra auf dem Gelände des ehemaligen Führerbunkers in Berlin zu realisieren.

Am 10. Mai 2005 wurde das Denkmal in Anwesenheit von Bundespräsident Horst Köhler und Bundeskanzler Gerhard Schröder eröffnet. Die 2.711 quaderförmigen Betonstelen sind ein steinernes »Nie wieder!« und eine mahnende Erinnerung im Kampf gegen Antisemitismus und Rassenwahn. In diesem Sinne ist das Holocaust-Denkmal nicht als Wiedergutmachung für die Opfer gedacht, sondern es stellt ein Mahnmal für die Täter und deren Nachfahren dar.

Adresse Cora-Berliner-Straße 1, 10117 Berlin | Literaturtipp Claus Leggewie und Erik Meyer: »Ein Ort, an den man gerne geht«. Das Holocaust-Mahnmal und die deutsche Geschichtspolitik nach 1989.

110 Die Moschee

Der Islam in Deutschland

»Der Islam gehört inzwischen auch zu Deutschland« – dieser Satz von Christian Wulff hat 2010 eine kontroverse Debatte ausgelöst. Der damalige Bundespräsident wollte damit auf die Sorgen und Ängste muslimischer Immigranten eingehen und die Tatsache berücksichtigen, dass Millionen Muslime, oft schon in der zweiten, dritten und vierten Generation, in Deutschland leben.

Nur drei Monate später, am 8. Januar 2011, wurde ein Brandanschlag auf die Wilmersdorfer Moschee verübt, der glücklicherweise nur zu Sachschäden führte. Ein Anschlag mit Symbolcharakter – handelt es sich bei der Berliner Moschee doch um die älteste bestehende Moschee Deutschlands. Sie wurde zwischen 1924 und 1928 nach den Plänen des Berliner Architekten Karl Alfred Hermann errichtet, der sich bei seinem Entwurf an der frühneuzeitlichen Mogul-Bauweise des Mausoleums Taj Mahal orientierte. Auffällig sind die breite Kuppel und die beiden abgesetzten, 32 Meter hohen Minarette. Den Zweiten Weltkrieg überstand das Gotteshaus mit schweren Schäden.

Die Wilmersdorfer Moschee nimmt nicht nur aufgrund ihrer dem Indischen Subkontinent verbundenen Architektur eine Sonderstellung ein, sondern auch, weil sie die Zentrale der Lahore-Ahmadiyya-Bewegung ist. Diese versteht sich als islamische Reformbewegung in der Tradition des religiösen Dialogs und war von Anfang an als Gotteshaus für Berliner Muslime aller Glaubensrichtungen gedacht, sowohl für Sunniten als auch für Schiiten.

Gegenwärtig gibt es rund 2.800 Moscheen in Deutschland, von denen die meisten unscheinbar in Hinterhöfen oder Gewerbegebieten zu finden sind. Nur jede zehnte Moschee gilt als städtebaulich markant. Obwohl in Deutschland über fünf Millionen Muslime leben, bilden sie gegenüber den rund 40 Millionen Christen eine Minderheit, wenngleich die Konfessionsfreien in Deutschland inzwischen die größte Einzelgruppe darstellen.

Adresse Brienner Straße 7/8, 10713 Berlin | Literaturtipp Mathias Rohe: Der Islam in Deutschland. Eine Bestandsaufnahme.

111 Das Berghain

Kultstätte des Hedonismus

Bereits vor der Wende war Westberlin für seine coolen Clubs und Kneipen ohne Sperrzeit bekannt. In der Nachwende-Zeit entstand eine neue Subkultur-Szene mit zahlreichen Untergrund-Bars. Berlin ging zum Feiern in den Keller. Leer stehende Räume wurden erobert, bespielt und wieder verlassen. Zu den längst verschwundenen Ikonen des Nachtlebens, die Berlin so sexy machten, gehörten der Tresor und das Tacheles. Exzess wurde hier großgeschrieben.

Die legendärste Adresse des Berliner Nachtlebens ist das 2004 als Technoclub in einem ehemaligen DDR-Heizkraftwerk am Ostbahnhof eröffnete »Berghain«. Schillernder, ausschweifender als in dem kathedralenhaften Ambiente kann man in Deutschland nicht feiern. Trotz hipper Konkurrenz wie dem KitKatClub oder »Ficken 3000« gilt das Berghain als der Club der Clubs. Einst als Geheimtipp gehandelt, genießt es inzwischen den Status einer skurrilen Sehenswürdigkeit. Es gibt Menschen, die reisen nur wegen des Berghain nach Berlin.

Das Berghain ist ein Mythos der Berliner Clubszene. Exzentrik pur. Lange Schlangen vor dem Eingang und eine knallharte Türsteherpolitik; Foto- und Videoverbot garantieren Nightlife pur – ungestört bis zur vollkommenen Ekstase. Eine Parallelwelt mit eigenen Spielregeln, genährt von Begierde und inszenierten Versprechen. Exhibitionismus meets Voyeurismus. Grenzüberschreitungen mit Partyflair und einer perfekten Soundanlage, deren Bässe das Gemäuer zum Wummern bringen. Hier schlägt das Techno-Herz 125-mal pro Minute. An den Mischpulten des Musiktempels heizen die allerbesten Techno- und House-DJs die Stimmung an. In diesem Sog löst sich das Raum-Zeit-Gefühl irgendwann zwischen Samstagabend und Montagmorgen auf. Und selbstverständlich ist das Berghain einer jener Orte, an denen der Strukturwandel der Subkultur zu beobachten ist. Längst hat der Mainstream den Darkroom erobert.

Adresse Am Wriezener Bahnhof, 10243 Berlin | Öffnungszeiten www.berghain.berlin | Literaturtipp Airen: Strobo.

Regina Urbach
111 Orte in und um Worms, die man gesehen haben muss
ISBN 978-3-7408-1172-3

Ulf Annel
111 Orte in Erfurt, die man gesehen haben muss
ISBN 978-3-7408-1635-3

Ulf Annel
111 Orte in und um Erfurt, die man gesehen haben muss
ISBN 978-3-95451-913-2

Alexandra Schlennstedt, Jobst Schlennstedt
111 Orte in Lübeck, die man gesehen haben muss
ISBN 978-3-7408-2309-2

Henrik Grotjahn
111 Orte in Münster, die man gesehen haben muss
ISBN 978-3-7408-0979-9

Annett Rensing
111 Orte in und um Osnabrück, die man gesehen haben muss
ISBN 978-3-7408-2129-6

Jo Seuß
111 Orte in Fürth & Erlangen, die man gesehen haben muss
ISBN 978-3-7408-0724-5

Dietmar Bruckner, Michaela Moritz
111 Orte in der Fränkischen Schweiz, die man gesehen haben muss
ISBN 978-3-7408-1089-4

Cornelia Ziegler
111 Orte im Allgäu, die man gesehen haben muss
ISBN 978-3-7408-2128-9

Ulf Annel
111 Orte in und um Weimar, die man gesehen haben muss
ISBN 978-3-7408-1193-8

Jens Burmeister
111 Orte am Mittelrhein, die man gesehen haben muss
ISBN 978-3-7408-1745-9

Lucia Jay von Seldeneck
111 Orte in Berlin, die man gesehen haben muss
ISBN 978-3-7408-2367-2

Priska Lachmann
111 Orte in Leipzig, die man gesehen haben muss
ISBN 978-3-7408-2005-3

Ulf Annel
111 Orte rund um die Wartburg, die man gesehen haben muss
ISBN 978-3-7408-0981-2

Dietmar Bruckner, Jo Seuß
111 Orte in Nürnberg, die man gesehen haben muss
ISBN 978-3-7408-2177-7

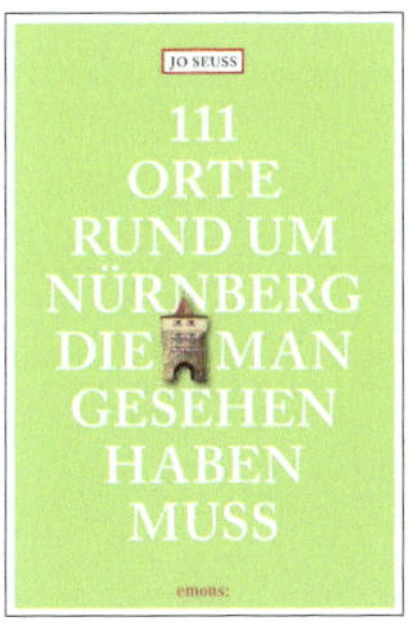

Jo Seuß
111 Orte rund um Nürnberg, die man gesehen haben muss
ISBN 978-3-7408-1730-5

Peter Bieg
111 Orte in Trier, die man gesehen haben muss
ISBN 978-3-7408-1294-2

Bernd F. Gruschwitz
111 Orte in Bremen, die man gesehen haben muss
ISBN 978-3-7408-2019-0

Ralf Nestmeyer
111 Orte in der Provence, die man gesehen haben muss
ISBN 978-3-7408-1960-6

Ralf Nestmeyer
111 Orte an der Côte d'Azur, die man gesehen haben muss
ISBN 978-3-7408-2020-6

Jochen Reiss
111 Orte in Hamburg, die man gesehen haben muss
ISBN 978-3-7408-2241-5

Jochen Reiss
111 Orte rund um Hamburg, die man gesehen haben muss
ISBN 978-3-7408-1550-9

Bernhard Horsinka, Renate Bugyi-Ollert
111 Orte in und um Würzburg, die man gesehen haben muss
ISBN 978-3-7408-1343-7

Jenny Menzel
111 Orte in Dresden, die man gesehen haben muss
ISBN 978-3-7408-1920-0

Gabriele Kalmbach
111 Orte in Stuttgart, die man gesehen haben muss
ISBN 978-3-7408-0974-4

Gabriele Kalmbach
111 Orte im Stuttgarter Umland, die man gesehen haben muss
ISBN 978-3-7408-1651-3

Oliver Ultsch
111 Orte in und um Coburg, die man gesehen haben muss
ISBN 978-3-95451-923-1

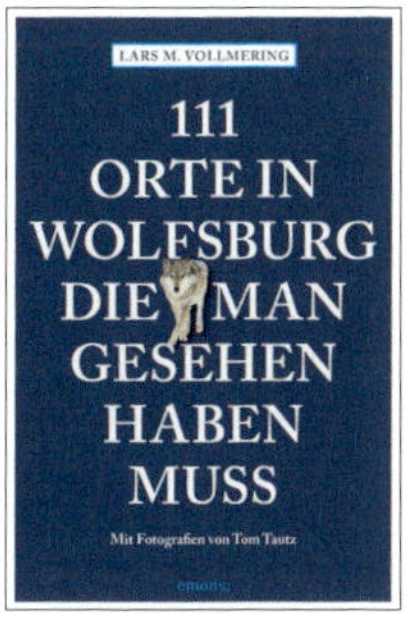

Lars M. Vollmering
111 Orte in Wolfsburg, die man gesehen haben muss
ISBN 978-3-7408-1094-8

Dietmar Hoos
111 Orte in Kassel, die man gesehen haben muss
ISBN 978-3-7408-1879-1

Rüdiger Liedtke
111 Orte in München, die man gesehen haben muss, Band 1
ISBN 978-3-7408-2126-5

Rüdiger Liedtke
111 Orte in München, die man gesehen haben muss, Band 2
ISBN 978-3-7408-1514-1

Rüdiger Liedtke
111 Orte in München, die Geschichte erzählen
ISBN 978-3-7408-2045-9

Bernd Imgrund
111 Kölner Orte, die man gesehen haben muss, Band 2
ISBN 978-3-7408-1831-9

Ralf Koss
111 Orte in Dortmund, die man gesehen haben muss
ISBN 978-3-7408-0649-1

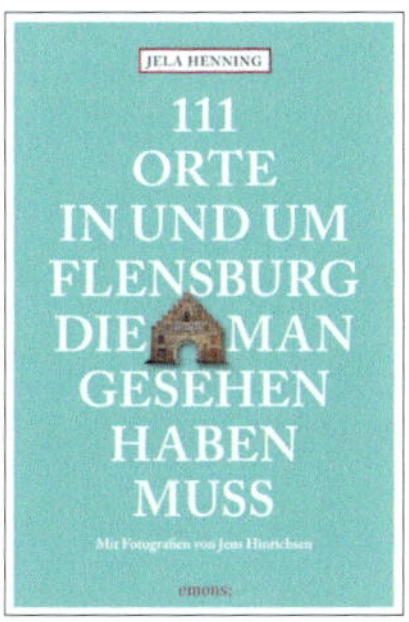

Jela Henning
111 Orte in und um Flensburg, die man gesehen haben muss
ISBN 978-3-7408-1606-3

Ralf H. Dorweiler, Daniela Bianca Gierok
111 Orte im Südschwarzwald, die man gesehen haben muss
ISBN 978-3-7408-1082-5

Fotonachweis

Ort 1: shutterstock/Guenter Albers; Ort 2: shutterstock/ThePhotoFab; Ort 3: shutterstock/Marc Braner; Ort 4: shutterstock/Paolo Bigliardi; Ort 5: mauritius images/Catharina Lux; Ort 6: shutterstock/Eugen Bond; Ort 7, 10, 17, 18, 26 oben, 30, 56, 58, 64 oben, 64 unten, 66, 68, 88, 107: Ralf Nestmeyer; Ort 8: mauritius images/Arterra Picture Library/Alamy/Alamy Stock Photos; Ort 9: shutterstock/SCStock; Ort 11: shutterstock/makasana photo; Ort 12: shutterstock/richardHL; Ort 13: shutterstock/travelview; Ort 14: shutterstock/seewhatmitchsee; Ort 15: shutterstock/Ilari Nackel; Ort 16: mauritius images/BAO/imageBROKER; Ort 19: mauritius images/Sunny Celeste/Alamy/Alamy Stock Photos; Ort 20: shutterstock/RudiErnst; Ort 21: shutterstock/Ralph Blankart; Ort 22: shutterstock/Flagman_1; Ort 23: shutterstock/Sina Ettmer Photography; Ort 24: WikimediaCommons/Fortepan/Balassa Péter, CC BY-SA 3.0; Ort 25: mauritius images/The Picture Art Collection/Alamy/Alamy Stock Photos; Ort 26 unten: WikimediaCommons/gemeinfrei; Ort 27 oben: mauritius images/The Picture Art Collection/Alamy/Alamy Stock Photos; Ort 27 unten: shutterstock/Leonid Andronov; Ort 28: shutterstock/Ancapital; Ort 29: mauritius images/Gyrgy Marinks/Alamy/Alamy Stock Photos; Ort 31: mauritius images/Bildarchiv Monheim GmbH/Alamy/Alamy Stock Photos; Ort 32 oben: WikimediaCommons/gemeinfrei; Ort 32 unten: WikimediaCommons/CC BY-SA 3.0/Julie Anne Workman; Ort 33: WikimediaCommons/CC BY-SA 4.0/Dirk Messberger; Ort 34: © Deutsches Auswandererhaus/Foto: Werner Huthmacher; Ort 35: mauritius images/United Archives/Karl Heinrich Lämmel; Ort 36: shutterstock/Oliver Hlavaty Photo; Ort 37: shutterstock/fotubi; Ort 38: shutterstock/canadastock; Ort 39: shutterstock/Everett Collection; Ort 40: mauritius images/Wolfgang Diederich/Alamy/Alamy Stock Photos; Ort 41 oben: mauritius images/Michael Nitzschke/imageBROKER; Ort 41 unten: WikimediaCommons/CC

BY-SA 4.0/Andreas Wolf 01; Ort 42: mauritius images/Werner Otto; Ort 43: shutterstock/mahc; Ort 44: shutterstock/elxeneize; Ort 45: mauritius images/Wolfgang Diederich/Alamy/Alamy Stock Photos; Ort 46: mauritius images/Bernhard Schmidt/Alamy/Alamy Stock Photos; Ort 47 oben: WikimediaCommons/CC BY-SA 4.0/ Jörg Blobelt; Ort 47 unten: mauritius images/Travel Collection/ Lengler, Gregor; Ort 48: mauritius images/Volker Preusser; Ort 49 oben: mauritius images/TopFoto; Ort 49 unten: shutterstock/Philippe PA-TERNOLLI; Ort 50 oben: shutterstock/Artur Bogacki; Ort 50 unten: WikimediaCommons/CC BY-SA 3.0/OFTW, Berlin; Ort 51: shutterstock/NKR_Factory; Ort 52: mauritius images/TopFoto; Ort 53: mauritius images/Memento; Ort 54: mauritius images/ Schoening/Alamy/Alamy Stock Photos; Ort 55: mauritius images/ ARCHIVIO GBB/Alamy/Alamy Stock Photos; Ort 57: shutter-stock/FotoFabrikHamburg; Ort 59: mauritius images/Roman Nerud/ Alamy/Alamy Stock Photos; Ort 60: Stadtarchiv Kassel/0.516.406/ Carl Eberth; Ort 61: mauritius images/SZ PHOTO Creative/ Alessandra Schnellegger; Ort 62: shutterstock/Lois GoBe; Ort 63: WikimediaCommons/CC BY-SA 4.0/Deutsche Fotothek; Ort 65: shutterstock/4kclips; Ort 67: mauritius images/Michael Weber/ imageBROKER; Ort 69: shutterstock/Felix Geringswald; Ort 70: mauritius images/Ernst Wrba; Ort 71 oben und unten: Wikimedia-Commons/CC BY-SA 4.0/ETH Bibliothek; Ort 72 oben und unten: Museum Friedland/Swen Pförtner; Ort 73 oben: Wikime-diaCommons/gemeinfrei, Ort 73 unten: WikimediaCommons/CC BY-SA 4.0/Marius.auth; Ort 74: shutterstock/NGCHIYUI; Ort 75: mauritius images/Alamy Stock Photos; Ort 76: shutterstock/Linda Hilberdink Photography; Ort 77: shutterstock/Markus Mainka; Ort 78 oben: WikimediaCommons/CC0/gemeinfrei, Ort 78 unten: WikimediaCommons/CC BY-SA 3.0/fleno.de; Ort 79: mauritius images/TopFoto; Ort 80: picture alliance/dpa Tell/dpa Tell; Ort 81: mauritius images/TopFoto; Ort 82: WikimediaCommons/CC BY-SA 4.0/ThomasFHH; Ort 83: shutterstock/Mo Photography Berlin; Ort 84: WikimediaCommons/CC BY-SA/Matti Blume; Ort 85:

picture alliance/Rolf Haid/Rolf Haid; Ort 86: shutterstock/Mo Photography Berlin; Ort 87 oben und unten: picture-alliance/dpa/Karl Schnörrer; Ort 89: shutterstock/Vaclav Volrab; Ort 90: picture-alliance/Egon Steiner/Egon Steiner; Ort 91: picture alliance/dpa/DB dpa; Ort 92: mauritius images/Zoonar GmbH/Alamy/Alamy Stock Photos; Ort 93 oben: mauritius images/SZ Photo Creative/Stephan Rumpf, Ort 93 unten: shutterstock/Mike Joson; Ort 94: picture-alliance/dpa/Ossinger; Ort 95 oben: mauritius images/ZUMA Press, Inc./Alamy/Alamy Stock Photos, Ort 95 unten: mauritius images/TopFoto; Ort 96: mauritius images/Siegfried Kuttig/imageBROKER; Ort 97: mauritius images/Bildagentur-online/McPhoto-Kerpa/Alamy/Alamy Stock Photos; Ort 98 oben: WikimediaCommons/CC BY-SA 4.0/Jan Wellen, Ort 98 unten: shutterstock/Heiko Kueverling; Ort 99: shutterstock/FooTToo; Ort 100: picture alliance/Karl Staedele/Karl Staedele; Ort 101: WikimediaCommons/CC0/Rob Bogaerts/Anefo; Ort 102 oben: WikimediaCommons/CC BY-SA 4.0/Nightflyer, Ort 102 unten: shutterstock/Jan Gerhards-Ostehr; Ort 103 oben: picture-alliance/dpa/Wolfgang Kumm, Ort 103 unten: WikimediaCommons/CC BY-SA 3.0/Merit Schambach; Ort 104: shutterstock/yegorovnick; Ort 105: mauritius images/Prisma/Fiedler Bernd J.; Ort 106: picture alliance/dpa/Arno Burgi; Ort 108: mauritius images/Martin Siepmann/imageBROKER; Ort 109: mauritius images/Westend61/Anja Weber-Decker; Ort 110: shutterstock/Mo Photography Berlin; Ort 111: shutterstock/illpaxphotomatic

© Monika Ertl

Ralf Nestmeyer ist Historiker, Autor von zahlreichen Reiseführern, Sachbüchern und mehreren Provence-Krimis. Er ist Gründungsmitglied von PEN Berlin.

www.nestmeyer.de